KB053324

잼잼 쉬운 영어 첫걸음

잼잼 쉬운 영어 첫걸음

저 자 이원준
발행인 고본화
발 행 반석출판사
2024년 1월 10일 초판 2쇄 인쇄
2024년 1월 15일 초판 2쇄 발행
반석출판사 | www.bansok.co.kr
이메일 | bansok@bansok.co.kr
블로그 | blog.naver.com/bansokbooks

07547 서울시 강서구 양천로 583. B동 1007호
(서울시 강서구 염창동 240-21번지 우림블루나인 비즈니스센터 B동 1007호)
대표전화 02) 2093-3399   **팩 스** 02) 2093-3393
출 판 부 02) 2093-3395   **영업부** 02) 2093-3396
등록번호 제315-2008-000033호

ISBN 978-89-7172-970-0 (13740)

잼잼 쉬운 영어 첫걸음

반석출판사

Preface 머리말

지구촌이 글로벌 시대에 접어든 지도 꽤 오래 되었습니다. 아울러 전 세계가 머지않아 일일생활권이 될 거라는 전망도 현실화되고 있으며, 세계는 하루가 다르게 개방화, 국제화되어 영어라는 거대한 언어로 통합되고 있습니다.

이러한 흐름에 발맞추어, 이 책은 어떤 장면이나 상황에서도 영어회화를 정확하고 다양하게 구사할 수 있게 꾸며졌습니다. 지금까지의 영어 회화교재는 다양한 연령층을 고려하지 않고 만들어졌기 때문에 회화 내용이나 활자의 크기 등이 중장년층의 요구와 동떨어져 있었습니다. 이에 본 교재는 젊은층은 물론 중장년층 등 다양한 연령층이 쉽게 볼 수 있도록 구성했습니다.

내용 면에서도 일상생활이나 여행 또는 비즈니스 등 다방면에 걸쳐 두루 활용할 수 있으며, 초급자들도 쉽게 찾아 바로바로 말할 수 있도록 하기 위해 영어발음을 한글로 표기했습니다. 꼭 필요한 한 마디 한 마디를 정성껏 간추려 실었고, 원어민 발음에 최대한 가깝게 표현하기 위해 메모 형식을 빌려 꼼꼼한 해설도 달아 두었습니다.

- ☑ 장면별 구성으로 어느 상황에서든 유용하게 쓸 수 있는 사전식 구성
- ☑ 일상생활에서 흔히 접하는 회화표현 엄선·수록
- ☑ 영어 초보자도 가볍게 접근할 수 있도록 한글로 발음 표기
- ☑ 이 책 한권으로 영어 초급회화에서 중급회화까지 마스터

모쪼록, 이 책을 접하신 모든 분들에게 유익한 교재가 되기를 진심으로 바랍니다.

이원준 드림

Contents 차례

PART 1 자연스런 만남의 표현

Chapter 01 일상적인 만남의 인사
1 일상적인 인사를 할 때 ·············· 14
2 우연히 만났을 때 ·················· 15
3 안녕을 물을 때 ···················· 16
4 오랜만에 만났을 때 ················ 17
5 안부를 묻고 답할 때 ··············· 18

Chapter 02 소개할 때의 인사
1 처음 만났을 때 ···················· 19
2 자신을 소개할 때 ·················· 20
3 소개시킬 때 ······················· 21
4 그밖에 소개에 관한 표현 ··········· 22

Chapter 03 헤어질 때의 인사
1 밤에 헤어질 때 ···················· 23
2 기본적인 작별 인사 ················ 24
3 방문을 마칠 때 ···················· 26
4 주인으로서의 작별 인사 ············ 28
5 전송할 때 ························· 30

PART 2 세련된 교제를 위한 표현

Chapter 01 고마움을 나타낼 때
1 기본적인 감사의 표현 ·············· 32
2 고마움을 나타낼 때 ················ 33
3 배려에 대한 고마움을 나타낼 때 ····· 34
4 감사의 선물을 줄 때 ··············· 35
5 감사의 선물을 받을 때 ············· 36
6 감사 표시에 대해 응답할 때 ········· 37

Chapter 02 사죄·사과를 할 때
1 사과·사죄를 나타낼 때 ············· 39
2 행위에 대한 사과·사죄를 할 때 ······ 40
3 실수를 범했을 때 ·················· 41
4 용서를 구할 때 ···················· 42
5 사과·사죄에 대한 응답 ············· 43

Chapter 03 축하와 환영을 할 때
1 축하할 때 ························· 44
2 축복을 기원할 때 ·················· 46
3 환영할 때 ························· 48

Chapter 04 초대를 할 때
1 초대할 때 ························· 49
2 초대에 응할 때 ···················· 50
3 초대에 응할 수 없을 때 ············· 51

Chapter 05 방문을 할 때
1 손님을 맞이할 때 ·················· 52
2 음료와 식사를 대접할 때 ··········· 53
3 방문을 마칠 때 ···················· 54

Chapter 06 약속을 할 때
1 약속을 청할 때 ···················· 55
2 스케줄을 확인할 때 ················ 56
3 약속 제안에 응답할 때 ············· 57
4 약속시간과 장소를 정할 때 ·········· 58
5 약속을 변경하거나 취소할 때 ········ 59

Chapter 07 식사를 제의할 때

1 식사를 제의할 때 ·············· 60
2 자신이 계산하려고 할 때 ·············· 62

PART 3 유창한 대화를 위한 표현

Chapter 01 질문을 할 때

1 질문을 할 때 ·············· 64
2 질문에 답변할 때 ·············· 66

Chapter 02 응답을 할 때

1 긍정의 마음을 전할 때 ·············· 67
2 부정의 마음을 전할 때 ·············· 69
3 불확실·의심의 마음을 전할 때 ·············· 71

Chapter 03 맞장구를 칠 때

1 확실하게 맞장구를 칠 때 ·············· 73
2 애매하게 맞장구를 칠 때 ·············· 75
3 긍정의 맞장구 ·············· 76
4 부정의 맞장구 ·············· 77

Chapter 04 되물음과 이해를 나타낼 때

1 되물을 때 ·············· 78
2 잘 알아듣지 못했을 때 ·············· 80
3 이해 여부를 재확인할 때 ·············· 81
4 이해를 했을 때 ·············· 82
5 이해를 못했을 때 ·············· 83

Chapter 05 제안과 권유를 할 때

1 무언가를 제안할 때 ·············· 84
2 권유할 때 ·············· 86
3 제안·권유에 응할 때 ·············· 87
4 제안·권유에 거절할 때 ·············· 88

Chapter 06 부탁을 할 때

1 부탁을 할 때 ·············· 89
2 구체적으로 부탁할 때 ·············· 91
3 부탁을 들어줄 때 ·············· 93
4 부탁을 거절할 때 ·············· 94
5 우회적으로 거절할 때 ·············· 95

Chapter 07 대화를 시도할 때

1 말을 걸 때 ·············· 96
2 용건을 물을 때 ·············· 98
3 모르는 사람에게 말을 걸 때 ·············· 99

Chapter 08 대화의 연결과 진행

1 말을 재촉할 때 ·············· 100
2 간단히 말할 때 ·············· 101
3 화제를 바꿀 때 ·············· 102
4 말이 막히거나 잠시 주저할 때 ·············· 103
5 말하면서 생각할 때 ·············· 105

Chapter 09 주의와 충고를 할 때

1 주의를 줄 때 ·············· 106
2 충고·조언할 때 ·············· 109

PART 4 거리낌없는 감정 표현

Chapter 01 희로애락을 나타낼 때

1 기쁠 때 ·············· 112
2 즐거울 때 ·············· 114
3 기쁜 소식을 들었을 때 ·············· 115
4 자신이 화가 날 때 ·············· 116
5 상대방이 화가 났을 때 ·············· 117
6 화가 난 상대를 진정시킬 때 ·············· 118
7 슬플 때 ·············· 119
8 우울할 때 ·············· 120
9 슬픔과 우울함을 위로할 때 ·············· 121

Chapter 02 놀라움과 무서움을 나타낼 때

1 놀랐을 때 ·········· 122
2 믿기지 않을 때 ·········· 124
3 무서울 때 ·········· 125
4 상대방이 놀라거나 무서워할 때 ·········· 126

Chapter 03 근심과 격려를 나타낼 때

1 걱정을 물을 때 ·········· 128
2 위로할 때 ·········· 130
3 격려할 때 ·········· 132

Chapter 04 불만과 불평을 할 때

1 귀찮을 때 ·········· 133
2 불평·불만하거나 짜증날 때 ·········· 134
3 지겹고 지루할 때 ·········· 136

Chapter 05 감탄과 칭찬을 할 때

1 감탄의 기분을 나타낼 때 ·········· 137
2 능력과 성과를 칭찬할 때 ·········· 139
3 외모를 칭찬할 때 ·········· 140
4 재주와 실력을 칭찬할 때 ·········· 141
5 친절과 성격에 대해 칭찬할 때 ·········· 142
6 칭찬에 대한 응답 ·········· 143

Chapter 06 비난과 책망을 할 때

1 비난할 때 ·········· 144
2 말싸움을 할 때 ·········· 146
3 꾸짖을 때 ·········· 147
4 화해할 때 ·········· 148

PART 5 일상생활의 화제 표현

Chapter 01 가족에 대해서

1 가족에 대해 말할 때 ·········· 150

2 형제자매와 친척에 대해 말할 때 ·········· 152
3 자녀에 대해 말할 때 ·········· 153

Chapter 02 직장에 대해서

1 직장에 대해 말할 때 ·········· 154
2 근무에 대해 말할 때 ·········· 155
3 급여에 대해 말할 때 ·········· 156
4 승진에 대해 말할 때 ·········· 157
5 출퇴근에 대해 말할 때 ·········· 158
6 휴가에 대해 말할 때 ·········· 159
7 상사에 대해 말할 때 ·········· 160
8 사직·퇴직에 대해 말할 때 ·········· 161

Chapter 03 학교에 대해서

1 출신학교에 대해 말할 때 ·········· 162
2 학년과 전공에 대해 말할 때 ·········· 164
3 학교생활에 대해 말할 때 ·········· 165
4 시험과 성적에 대해 말할 때 ·········· 166

Chapter 04 연애와 결혼에 대해서

1 연애 타입에 대해 말할 때 ·········· 167
2 데이트에 대해 말할 때 ·········· 168
3 청혼과 약혼에 대해 말할 때 ·········· 169
4 결혼에 대해 말할 때 ·········· 170
5 별거와 이혼에 대해 말할 때 ·········· 171

Chapter 05 여가·취미·오락에 대해서

1 여가 활동에 대해 말할 때 ·········· 172
2 취미에 대해 말할 때 ·········· 173
3 오락에 대해 말할 때 ·········· 174
4 유흥을 즐길 때 ·········· 175
5 여행에 대해 말할 때 ·········· 176

Chapter 06 문화생활에 대해서

1 독서에 대해 말할 때 ·········· 177

2 신문과 잡지에 대해 말할 때 ················ 179
3 텔레비전에 대해 말할 때 ················ 180
4 음악에 대해 말할 때 ················ 181
5 그림에 대해 말할 때 ················ 183
6 영화에 대해 말할 때 ················ 185

Chapter 07 건강에 대해서
1 건강에 대해 말할 때 ················ 187
2 컨디션을 물을 때 ················ 189

Chapter 08 스포츠와 레저에 대해서
1 스포츠에 대해 말할 때 ················ 190
2 스포츠를 관전할 때 ················ 192
3 스포츠 중계를 볼 때 ················ 194
4 여러 가지 경기에 대해 말할 때 ········ 195

Chapter 09 날씨와 계절에 대해서
1 날씨를 물을 때 ················ 197
2 날씨를 말할 때 ················ 198
3 더위와 추위를 말할 때 ················ 199
4 비와 눈이 내릴 때 ················ 200
5 일기예보에 대해 말할 때 ················ 202
6 계절에 대해 말할 때 ················ 203

Chapter 10 시간과 연월일에 대해서
1 시각을 물을 때 ················ 205
2 시각에 대해 답할 때 ················ 206
3 시간에 대해 묻고 답할 때 ················ 208
4 연월일에 대해 말할 때 ················ 209

Chapter 11 미용과 세탁에 대해서
1 이발소에서 ················ 211
2 미용실에서 ················ 213
3 세탁소에서 ················ 215

Chapter 12 음주와 흡연에 대해서
1 술을 권할 때 ················ 216
2 건배를 할 때 ················ 217
3 술을 마시면서 ················ 218
4 주량에 대해 말할 때 ················ 219
5 금주에 대해 말할 때 ················ 220
6 담배에 대해 말할 때 ················ 221
7 금연에 대해 말할 때 ················ 222

PART 6 여행과 출장에 관한 표현
Chapter 01 출국 비행기 안에서
1 좌석을 찾을 때 ················ 224
2 기내 서비스를 받을 때 ················ 225
3 통과·환승할 때 ················ 228

Chapter 02 공항에 도착해서
1 입국수속을 밟을 때 ················ 229
2 짐을 찾을 때 ················ 231
3 세관을 통과할 때 ················ 232
4 공항의 관광안내소에서 ················ 233

Chapter 03 호텔을 이용할 때
1 호텔을 찾을 때 ················ 234
2 전화로 호텔을 예약할 때 ················ 235
3 체크인할 때 ················ 237
4 방을 확인할 때 ················ 238
5 체크인 트러블 ················ 239
6 룸서비스 ················ 240
7 외출과 호텔 시설을 이용할 때 ········ 241
8 호텔 이용에 관한 트러블 ················ 242
9 체크아웃을 준비할 때 ················ 244
10 체크아웃할 때 ················ 245

Chapter 04 식당을 이용할 때

1 식당을 찾을 때 ·················· 247
2 식당에 들어설 때 ·················· 248
3 음식을 주문받을 때 ·················· 249
4 음식을 주문할 때 ·················· 250
5 먹는 법과 재료를 물을 때 ·················· 252
6 필요한 것을 부탁할 때 ·················· 253
7 주문에 문제가 있을 때 ·················· 254
8 음식에 문제가 있을 때 ·················· 255
9 식사를 마칠 때 ·················· 256
10 식비를 계산할 때 ·················· 257
11 패스트푸드점에서 ·················· 258

Chapter 05 관광을 할 때

1 관광안내소에서 ·················· 259
2 투어를 이용할 때 ·················· 261
3 관광버스 안에서 ·················· 263
4 입장료를 구입할 때 ·················· 264
5 관광지에서 ·················· 265
6 관람을 할 때 ·················· 266
7 사진촬영을 허락받을 때 ·················· 268
8 사진촬영을 부탁할 때 ·················· 269
9 현상·인화를 부탁할 때 ·················· 270

Chapter 06 쇼핑을 할 때

1 쇼핑센터를 찾을 때 ·················· 271
2 매장을 찾을 때 ·················· 272
3 가게에 들어가서 ·················· 273
4 물건을 보고 싶을 때 ·················· 275
5 색상을 고를 때 ·················· 276
6 디자인을 고를 때 ·················· 277
7 사이즈를 고를 때 ·················· 278
8 사이즈가 맞지 않을 때 ·················· 279
9 품질을 물을 때 ·················· 280
10 물건값을 흥정할 때 ·················· 281
11 계산할 때 ·················· 282

12 포장을 원할 때 ·················· 284
13 배달을 원할 때 ·················· 285
14 배송을 원할 때 ·················· 286
15 교환을 원할 때 ·················· 287
16 반품·환불을 원할 때 ·················· 288
17 면세점에서 ·················· 289

Chapter 07 여행을 마치고 귀국할 때

1 귀국편을 예약할 때 ·················· 290
2 예약을 재확인할 때 ·················· 291
3 항공편을 변경 및 취소할 때 ·················· 292
4 공항으로 이동할 때 ·················· 293
5 물건을 놓고 왔을 때 ·················· 294
6 탑승수속을 할 때 ·················· 295
7 비행기 안에서 ·················· 296

영어 발음 특훈

영어 발음은 한국어의 발음체계와 달라서 알아듣기도 힘들고 말하기도 결코 쉽지가 않습니다. 가령 외국인을 만났을 때 꼭 필요한 단어로도 의사소통이 가능하며 몸짓, 발짓 따위의 제스처로도 어느 정도 통할 수 있지만, 적어도 발음만큼은 정확해야 원활한 커뮤니케이션이 가능합니다. 영어와 우리말의 가장 큰 차이점은 말의 순서에 있다는 사실을 잊지 말아야 합니다. 또한 발음이 통해야 의사소통이 원활하게 된다는 점을 명심하길 바랍니다.

1 악센트

누구나 '영어의 악센트(accent)는 항상 모음에 온다'는 사실을 알고 있을 것이며, 또한 '모음(vowel sound)의 음운변화'에 의해 나타나는 리듬, 억양, 음의 변화현상, 음의 축약현상 따위에 유의해야 한다.

■ 내용어(강형) : 명사, 동사, 형용사, 부사, 의문사, 수사, 감탄사 등
■ 기능어(약형) : be동사, 조동사, 전치사, 인칭 대명사, 관사, 접속사, 관계사 등

2 리듬

영어의 리듬은 앞에서 제시한 내용어와 기능어의 차이에 의해 강약이 다르게 나타나므로 대체로 자신이 강조해야 하는 내용어에는 강하고 분명하게 발음하며, 문법적 요소로 등장하는 기능어는 다소 빠르고 약하게(짧게) 발음하면 된다.

① 강약을 분명하게 구분하라
강의 부분은 두드러지게 발음하여 강약의 차이를 둔다.

② 스피드를 조절하라
빨리 지나칠 부분은 빨리 발음하고, 천천히 얘기할 곳은 쉬듯이 얘기한다. 절대로 전부 빨리 말하려고 하면 안 된다.

③ 약형(弱形)의 발음을 억제하라
자기 마음대로 모호하게 발음하는 것이 아니라 강형의 정확한 발음을 익혀 둔다.

3 발음 속도(스피드)

한국인에게 가장 약한 부분이 바로 발음인데 네이티브의 발음속도에 어느 정도 적응하느냐가
관건이다. 발음에 있어서 속도의 변화를 가져오는 주된 요인으로는 강세와 리듬을 꼽을 수 있
는데 그것보다도 강세 사이의 약음이 많을수록 그곳의 발음이 약해진다. 또한 스피드도 빨라
짐으로써 우리가 네이티브의 발음을 알아듣기 힘들게 된다. 대부분의 기능어가 약음화되어
불분명하고 애매모호한 음으로 들리게 되므로 약음으로 처리되는 곳에서의 발음 현상에 얼마
나 빨리 적응할 것이며, 또한 이에 대한 대처 능력을 기를 것인가가 급선무이다.

4 발음 규칙

영어 발음은 크게 음의 변화 현상, 약음화 현상, 축약 현상으로 대별되는데 발음 규칙은 억양
(인토네이션; intonation)에 의한 생동감 있는 리듬에 초점을 두어야 한다.

① 리듬

영어는 강약의 차이와 더불어 어휘를 서로 붙여 말하므로 영어 특유의 리듬이 생긴다.

- He told me that there was an accident.
  히　톨드　미　댓　데어뤄즈　언　액씨던트

② 억양(인토네이션)

영어는 인토네이션 언어라고 불리며, 한국어에는 없는 복잡한 인토네이션이 사용된다.

- Yes.(↘) Yes.(↗) Yes.(↘↗) Yes.(↗↘)　* Ya!
- No.(↘) No.(↗) No.(↘↗) No.(↗↘)　* Nope!
- Please!(↘) Please!(↗) Please!(↗↘) Please!(↘↗)

　* 이러한 표현은 상황에 따라 달리 표현되며, 또한 억양에 의해 의미가 달라진다.

③ 연음

단어가 서로 매끄럽게 연결되려는 현상이다.

- Will you top it up? 타피럽

④ 동화

모음 사이에 자음이 올 경우 음이 달라지는 현상이다.

■ Nice to <u>meet you</u>. 미츄

⑤ 단축형

is, has, will, not 등이 다른 단어에 대하여 단축형이 되는 경우 음이 달라진다.

■ I knew <u>you'd</u> come. (you had/would)

⑥ 파열음의 소실

파열음이 있어도 실제로는 파열이 일어나지 않는 경우가 있다.

■ They all <u>kept quiet</u>. 켑 콰이엇

⑦ 음의 탈락(축약/생략)

모음이나 자음의 발음이 발음의 편리성에 의해 생략되거나 탈락하는 현상이 나타난다.

■ Camera 캐머러 / next week 넥스윅

⑧ 모음·자음의 발음

구별하기 어려운 발음이 있다.

■ heart 하트 / hurt 헛

■ bees 비즈 / beads 비(ㄷ)즈

■ fly 플라이 / fry 프라이

※ 본문의 영어문장 아래 표기된 한글발음은 실제 영어발음과 차이가 있습니다.

원어민이 녹음한 mp3파일을 반복해서 들으면서 영어발음에 익숙해지세요.

PART

1

자연스런 만남의 표현

How are you?(어떠세요?), Fine. Thanks. And you?(네, 잘 지냅니다. 물어봐 주셔서 감사합니다. 당신은요?), Fine.(네, 저도 잘 지냅니다.), Good.(좋네요.) 등은 우리나라에서도 웬만큼 친숙한 사이라면 익숙한 표현입니다. '안녕하세요?', '네, 안녕하십니까?'와 같은 두세 마디 인사법이 통하는 나라에서 온 사람들로서는 성가신 일이지만, 관심을 갖고 물어보는 데 묵묵부답으로 대처할 수 없는 노릇입니다.

Chapter 01

일상적인 만남의 인사

Good morning, Good afternoon, Good evening, Good night을 사용하는 시간대는 확실히 정해져 있는 것은 아니므로 오전, 오후, 저녁, 밤으로 나누어 사용하면 됩니다. 친구들과 인사를 나눌 때는 How are you doing?(잘 지내니?)라는 표현을 많이 사용합니다. 이에 대한 응답으로는 I'm doing all right.(잘 지내.), 또는 I feel great.(기분이 최고야.)라고 합니다.

Unit 1 일상적인 인사를 할 때

☑ 안녕!
Hi!
하이

구어에서는 Howdy! 또는 Hiya!라는 표현도 많이 쓰인다.

☐ 안녕하세요!
Hello!
헬로우

☐ 안녕하세요! (아침 인사)
Good morning!
굿　　　모닝

good은 거의 들리지 않게 발음하고 morning에 강세를 둔다.

☐ 안녕하세요! (낮 인사)
Good afternoon!
굿　　　애프터눈

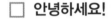
afternoon의 noon을 길게 [누우운]처럼 발음한다. good은 [굳]과 [귿]의 중간 발음이다.

☐ 안녕하세요! (밤 인사)
Good evening!
굿　　　이브닝

☑ 아니 이게 누구세요!
Look who's here!
룩　　후즈　　히어

☐ 세상 정말 좁군요!
What a small world!
와러　　스몰　　월드

> world는 r과 l이 연달아 있기 때문에 둘 다 발음을 해줘야 한다. 따라서 부자연스럽게 느껴지더라도 [월얼드]처럼 발음하도록 노력해보자.

☐ 여기서 당신을 만나다니 뜻밖이군요.
It's a pleasant surprise to see you here.
잇쳐　플레즌트　서프라이즈　투 씨　유　히어

☐ 이곳에서 당신을 보리라곤 생각도 못했어요.
I didn't expect to see you here.
아이 디든트 익스펙투　씨 유 히어

> just를 강조해서 읽는다. wanted는 [원티드] 또는 [워니드]로 발음한다.

☐ 그렇지 않아도 너를 만나고 싶었었는데.
You're just the man I wanted to see.
유어　저스트 더 맨　아이 원티드 투 씨

☐ 여기에 어쩐 일로 오셨어요? (용무를 물어볼 때)
What brings you here?
왓　브링스　유　히어

☐ 우리 전에 만난 적이 있지 않습니까?
We've met before, right?
위브　멧　비포　롸잇

> Haven't we met somewhere before? 또는 Don't know you from somewhere?로 바꿔 말할 수 있다.

☑ 어떻게 지내세요?
How are you doing?
하우   아유   두잉

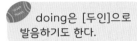
doing은 [두인]으로
발음하기도 한다.

☐ 안녕, 어떻게 지내니?
Hi, how are you?
하이 하우   아유

☐ 별일 없으세요?
Anything new?
에니씽   뉴

이 표현과 유사한 것으로는 What's up?, What's wrong?, What's going on?, What's the matter?, What happened?, What's new? 등이 있다.

☐ 오늘은 좀 어떠세요?
How do you feel today?
하우   두   유   필   투데이

☐ 오늘 재미가 어떠세요?
How's your day going?
하우즈   유어   데이   고잉

☐ 어떻게 지내셨어요?
How have you been doing?
하우   해뷰   빈   두잉

☐ 새로 하시는 일은 어때요?
How's your new job?
하우즈   유어   뉴   잡

your 역시 r 발음이 들어 있으므로 [유어]와 [유얼]의 중간 발음 정도로 해준다.

☑ 오랜만입니다.
Long time no see.
롱 타임 노 씨

> long을 발음할 때에는 속으로 [올] 발음을 내는 것처럼 입 모양을 취하고 있다가 [롱]하고 발음하면 더 정확한 발음이 된다.

☐ 여전하군요.
You haven't changed at all.
유 해븐트 체인쥐드 앳롤

☐ 참 오랜만이군요.
You've been quite a stranger.
유브 빈 콰잇러 스트레인져

> 우리말로는 어색하지만 오랫동안 소식이 없었던 경우에 쓰는 말이다.

☐ 몇 년 만에 뵙는군요.
I haven't seen you in years.
아이 해븐트 씬 유 인 이어즈

☐ 잘 지내?
What's new?
왓츠 뉴

☐ 세월 참 빠르군요.
Time flies.
타임 플라이즈

> Time flies like an arrow. 라는 표현을 줄인 말이다.

☐ 보고 싶었어요.
I've missed you.
아이브 미스트 유

> I've의 ve[브]를 아주 약하게 낸다.

☑ 가족들께서는 안녕하신지요?
How's your family?
하우즈   유어   페멀리

> family의 첫소리는 [페]와 [훼]의 중간 발음 정도로 윗니로 아랫입술을 살짝 깨문 듯한 상태에서 낸다.

☐ 부모님께서는 평안하신지요?
How are your parents?
하우 아 유어 페어런츠

☐ 모두들 잘 지내시는지요?
How's everyone getting along?
하우즈   에브리원   게링   어롱

☐ 밀러 씨가 당신 안부를 전하더군요.
Mr. Miller asked me to give his regards to you.
미스터 밀러 애슥트 미 투 깁 히즈 리가즈 투 유

> regards의 끝 부분엔 자음 세 개가 몰려 가운데 자음 d는 소리가 나지 않는다. [리가(알)즈]의 느낌으로 발음한다.

☐ 존은 어떻게 됐어요?
What happened to John?
와랫픈드   투 쟌

> what happened가 연음되어 [와랫픈드]처럼 들리게 발음된다.

☐ 그는 어떻게 지내고 있지요?
How's he getting along these days?
하우즈 히 게링   어롱 디즈   데이즈

☐ 가족들에게 안부 좀 전해 주세요.
Please give my regards to your family.
플리즈 깁 마이 리가즈 투 유어 페멀리

Chapter 02

소개할 때의 인사

터놓고 지내도 좋은 분위기라면 Hello. Nice to meet you. 정도로 말하면 처음 만나는 사람과 금방 서로 친하게 됩니다. '잘 부탁합니다.'가 영어에서는 '만나서 반갑습니다.'라는 표현이 되도록 영어다운 발상에 주의하면서 영어 회화를 몸에 익히도록 합시다.

Unit 1 처음 만났을 때

☑ 처음 뵙겠습니다

How do you do?
하우 두 유 두

☐ 만나서 반갑습니다.

Nice to meet you.
나이스 투 밋츄

> nice는 pleased 또는 glad로 바꿔 말할 수 있다. meet과 you가 연음되어 [밋츄]처럼 발음된다.

☐ 만나뵙게 되어 대단히 반갑습니다.

I'm very glad to meet you.
아임 베리 글래드 투 밋츄

☐ 만나뵙게 되어 영광입니다.

I'm honored to meet you.
아임 아너드 투 밋츄

> honored의 첫 자음 h는 소리가 나지 않는다.

☐ 제가 오히려 반갑습니다.

The pleasure is mine.
더 플레져 이즈 마인

> 간단히 (It's) My pleasure.라고도 하며, 상대가 내게 고마움을 표시했을 때 그에 대한 답변으로도 쓰인다.

☑ 제 소개를 할까요?

May I introduce myself?

메아이　인트러듀스　　　마이셀프

> perhaps는 [퍼햅스] 또는
> [퍼랩스]로 발음되기도 한다.

☐ 제 소개를 하도록 하겠습니다.

Perhaps I should introduce myself.

퍼햅스　　　아이 슈드　　　인트러듀스　　　마이셀프

☐ 처음 뵙겠습니다. 김민호입니다.

How do you do? My name is Min-ho Kim.

하우　두　유　두　　마이　네임　　이즈 민호　　　김

☐ 저는 부모님과 함께 살고 있습니다.

I live with my parents.

아이 리브 위드 마이　페어런츠

☐ 전 장남입니다.

I'm the oldest son.

아임 더　　올디스트　썬

> 막내아들일 경우에는 the oldest
> 대신에 the youngest[더 영기스트]
> 를 넣어준다.

☐ 전 맏딸입니다.

I'm the oldest daughter.

아임 디　　올디스트　도오터

> daughter는 [도오터ㄹ]처럼
> 발음되기도 한다.

☐ 전 독신입니다.

I'm single.

아임 씽글

> single은 [씽글]과 [씽걸]의 중간 정
> 도의 발음으로 [씽그얼]을 빨리 말하는
> 느낌으로 발음하면 자연스럽다. 기혼일
> 경우에는 I'm married.라고 표현한다.

☑ 두 분이 서로 인사 나누셨습니까?

Have you met each other?

해뷰　　　　멧　　이취　　아더

> 여기서 meet 동사는 공식적으로 인사를 나누는 것을 말한다

☐ 김 씨, 밀러 씨하고 인사 나누세요.

Mr. Kim, meet Mr. Miller.

미스터 킴　　　밋　　　미스터 밀러

> this is a를 모두 연음하여 빠르게 발음해주므로 [디씨저]처럼 들리게 된다.

☐ 이쪽은 제 동료인 토마스 씨입니다.

This is a colleague of mine, Mr. Thomas.

디씨저　　　칼리그　　　오브 마인　　미스터 토마스

> a colleague of mine 대신에 my coworker[마이 코워커]도 많이 쓰인다.

☐ 제 친구 존슨 씨를 소개하겠습니다.

Let me introduce my friend, Mr. Johnson.

렛　미　인트러듀스　　마이 후랜드　　미스터 쟌슨

☐ 존슨 씨께서 당신에 대해 자주 말씀하셨습니다.

Mr. Johnson often speaks of you.

미스터 쟌슨　　　오픈　　스픽스　　오뷰

> often의 f 발음은 윗니로 아랫 입술에 갖다대는 느낌으로 발음 하며 사람에 따라서 [오프튼]으로 발음하는 경우도 있다.

☐ 오래 전부터 한번 찾아뵙고 싶었습니다.

I've been wanting to see you for a long time.

아이브 빈　　원팅　　　투 씨 유　　포러　롱　타임

☐ 전에 한번 뵌 적이 있는 것 같습니다.

I think I've seen you before.

아이 씽크　아이브 씬　　유　　비포

> 유사한 표현으로 Haven't we met somewhere?(어딘가에서 만난 적이 없습니까?)가 많이 사용된다. before의 be 부분은 [비]와 [버]의 중간 발음이다. 그리고 fore 부분은 [포]와 [훠]의 중간 발음이다

☑ 서로 좋은 친구가 되었으면 합니다.

I hope we become good friends.
아이 호프 위   비컴   굿   프랜즈

☐ 말씀 많이 들었습니다.

I've heard so much about you.
아이브 허드   쏘   마취   어바웃츄

> I've heard a lot about you. 으로 바꿔 말해도 좋다. heard는 [헐드]와 유사하게 발음하도록 하며 so는 [쏘우]로 길게 발음한다.

☐ 만나 뵙고 싶었습니다.

I wanted to see you.
아 원티드   투   씨   유

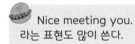 Nice meeting you. 라는 표현도 많이 쓴다.

☐ 이건 제 명함입니다.

This is my business card.
디씨즈   마이 비즈니스   카드

☐ 명함 한 장 주시겠어요?

May I have your business card?
메아이 해뷰어 비즈니스 카드

☐ 만나서 매우 반가웠습니다.

(I was very) glad to meet you.
(아이 워즈 베리)   글래드 투   밋츄

☐ 어디서 오셨습니까(고향이 어디십니까)?

Where are you from?
웨어라유   프럼

> Where do you come from?라고도 한다.

Chapter 03

헤어질 때의 인사

금방 돌아올 테니 기다려 달라고 할 때나 그날 다시 만날 때는, I'll be right back.(금방 돌아오겠습니다.), See you later.(그럼 이따 봐요.), 다음 주에 만나기로 약속한 경우에는 So long. See you next Monday.(잘 가요, 다음주 월요일에 다시 봐요.)라고 하며 Next Monday를 강하게 말합니다. 마지막으로 Take it easy!(편히 쉬세요.)를 덧붙이면 멋진 회화가 됩니다.

Unit 1 밤에 헤어질 때

☑ 잘 자요!
Good night!
굿 나잇

 비슷한 표현으로 Have a good night!, Sweet dreams! 등이 있다.

☐ 안녕히 주무세요!
Have a good night!
해버 굿 나잇

☐ 좋은 꿈꾸세요!
Sweet dreams!
스윗 드림스

☑ 안녕.
Bye.
바이

☐ 안녕히 가세요.
Good bye.
굿바이

☐ 다음에 뵙겠습니다.
See you later.
씨   유   레이러

☐ 그럼, 이만.
So long.
쏘   롱

> so는 [쏘우]처럼 길게 발음한다.

☐ 또 봅시다!
I'll be seeing you!
아일 비 씽   유

☐ 재미있는 시간 보내세요.
Have a good time.
해버   굿   타임

☐ 안녕히 계세요(살펴 가세요).
Take care.
테익   케어

Part 1

자연스런 만남의 표현

☑ 잘 가세요(몸조심 하세요).
Take care of yourself.
테익　　케어럽　　유어셀프

> Take it easy.와 비슷한 표현이다. care of가 연음되어 [케어럽] 또는 [케어롭]으로 발음된다.

☐ 재미있게 보내!
Enjoy yourself!
인조이　유어셀프

☐ 즐겁게 보내게!
Have fun!
해브　펀

☐ 만나서 반가웠어요!
(It was) Nice meeting you!
(잇 워즈)　나이스　미팅　　유

> meeting은 [미링]이라고 발음되기도 한다.

☐ 좀 더 자주 만납시다.
Let's meet more often.
렛츠　밋　모어　오픈

☐ 살펴 가세요!
Take it easy!
테이킷　이지

> 헤어질 때의 인사로 '쉬엄쉬엄 일하세요', '마음 편하게 하세요' 등의 뜻을 가진다. take it은 연음되어 [테이킷]으로 발음된다.

☐ 좋아요, 그럼 그때 봐요.
OK. I'll see you then.
오케이 아윌 씨　유　댄

☑ 가봐야겠어요.
I guess I'll leave.

leave는 길게 [리이브]라고 발음한다

아이 게쓰   아일 리브

□ 떠나려고 하니 아쉽습니다.
I'm sorry that I have to go.
아임 쏘리   댓   아이 햅투   고

□ 그럼, 저 가볼게요.
Well, I'd better be on my way.
웰   아이드 베터   비 온   마이 웨이

□ 가봐야 할 것 같네요.
(I'm afraid) I have to go now.
(아임 어프레이드) 아이 햅투   고   나우

afraid의 f는 [프]와 [후]의 중간발음으로 윗니를 아랫입술에 살짝 대듯하며 발음한다.

□ 이제 일어서는 게 좋을 것 같네요.
I'm afraid I'd better be leaving.
아임 어프레이드 아이드 베터   비   리빙

□ 너무 늦은 것 같군요.
I'm afraid I stayed too long.
아임 어프레이드 아이 스테이드 투   롱

□ 이제 가봐야겠습니다.
I must be going now.
아이 머스트 비 고잉   나우

☑ 미안하지만, 제가 좀 급합니다.

I'm sorry, but I'm in a hurry.

아임 쏘리　　벗　아임 이너　허리

☐ 아, 벌써 아홉 시입니까? 가봐야겠네요.

Oh, is it 9 already? I must go.

오　이짓 나인 올레디　　아이 머스트 고

> already는 [올웨디]처럼 살짝 굴려주며 발음한다. go는 [고우]의 느낌으로 발음한다.

☐ 미안하지만, 이제 일어서야 할 것 같아요.

I'm sorry, but I've got to be on my way.

아임 쏘리　　벗　아이브 가러　　비　온　마이 웨이

☐ 정말로 식사 잘 했습니다.

I really enjoyed the meal.

아이 리얼리 인조이드　　더　밀

> meal은 [미얼]의 느낌으로 늘어뜨려 발음한다.

☐ 오늘 저녁 정말 즐거웠습니다.

I really had a pleasant evening.

아이 리얼리 해더　　플레즌트　　이브닝

> wonderful은 [원더프헐]을 빨리 말하듯 발음하면 된다. party는 [파리]로 발음되기도 한다.

☐ 멋진 파티 정말 고맙게 생각해요.

Thank you very much for a wonderful party.

탱큐　　베리　마취　포러　원더풀　　파티

☐ 그럼, 다음에 뵐게요. 안녕히 계세요.

Well, see you later. Good bye.

웰　씨　유　레러러　굿 바이

☑ 방문해 주셔서 고맙습니다.

Thank you for coming.

땡큐　　　　포　커밍

☐ 좀 더 계시다 가시면 안 돼요?

Can't you stay a little longer?

캔츄　　　　스테이 어 리틀　롱어

> longer는 [롱어]
> 와 [롱거]의 중간으로
> 발음한다.

☐ 지금 가신다는 말입니까?

Do you mean you're going now?

두　유　민　　유어　　고잉　　나우

☐ 저녁 드시고 가시지 않으시겠어요?

Won't you stay for dinner?

원츄　　　　스테이 포　디너

☐ 오늘밤 재미있었어요?

Did you have fun tonight?

디쥬　　　해브　펀　투나잇

☐ 오늘 즐거우셨어요?

Did you have a good time today?

디쥬　　　해버　　굿　타임　투데이

☐ 제가 바래다 드릴까요? (자동차로)

Can I give you a lift?

캔　아이 기뷰어　　리프트

> 관련 표현으로는 Thanks
> for the lift.(태워줘서 감사드립
> 니다.) 등이 있다. give you a가
> 연음되어 [기뷰어]로 발음된다.

☑ 또 오세요.

Come again.

컴　　　어게인

☐ 다시 만날 수 있을까요?

Can we meet again?

캔　　위　밋　　　어게인

again은 [어게인] 또는
[어겐]이라고 발음된다.

☐ 가끔 전화 주세요.

Please call me any time.

플리즈　　　콜　미　에니　타임

☐ 거기에 도착하시는 대로 저한테 전화 주세요.

Phone me as soon as you get there.

폰　　　미　애즈 쑨　　애즈 유　겟　데어

there는 [데어(얼)]처럼 발음 끝에
속으로 들어가게 [얼]소리를 내준다고
생각하고 발음하면 자연스럽다.

WASHINGTON 📍

☑ 잘 다녀오세요. 멋진 여행이 되길 바랍니다.

Good-bye. I hope you have a nice trip.

굿바이　　　　아이 호퓨　　　　해버　　　나이스 트립

☐ 안녕히. 재미있게 지내세요.

Good-bye. Have a nice time.

굿바이　　　　해버　　　나이스 타임

> hope you가 연음 되어 [호퓨]로 발음된다.

☐ 즐거운 여행이 되길.

Enjoy your trip.

인조이　유어　트립

> enjoy는 [엔조이]와 [인조이]의 중간으로 발음한다.

☐ 빨리 돌아와. 네가 보고 싶을 거야.

Please come back soon. I'll miss you.

플리즈　　컴　　백　　쑨　　아일 미슈

> miss you는 [밋쓰ㅠ]의 느낌으로 발음한다.

☐ 당신 아내에게 안부 좀 전해 주세요.

Please give my regards to your wife.

플리즈　　깁　마이 리가즈　　투 유어　　와이프

> wife는 [와입]을 발음한 끝에 입술을 떼어주는 마무리까지 해주는 것이 좋다. 그 때 작은 [쁘] 소리가 나는 것을 기억하자.

☐ 당신 가족에게 제 안부 좀 전해 주세요.

Say hello to your family for me.

쎄이　헬로우　투 유어　페멀리　포 미

☐ 아무쪼록 가족들에게 안부 부탁합니다.

Send my regards to your family.

센드　마이 리가즈　　투 유어　페멀리

PART

2

세련된 교제를 위한 표현

외국인과 세련되고 예의 바른 교제를 원한다면 이 장에서 소개되는 감사, 사죄, 방문 등의 표현을 잘 익혀두어야 합니다. 방문은 상대방과의 경계를 누그러뜨리고, 서로의 교제를 깊게 하는데 큰 역할을 합니다. 상대방에게 친밀감을 느낄 수 있는 경우는 많이 있겠지만, 방문은 친밀감을 느낄 수 있는 가장 자연스러운 계기가 될 수 있습니다.

Chapter 01 고마움을 나타낼 때

'~해 줘서 고마워요'라고 감사의 내용을 전할 경우에는 Thank you for ~를 사용하면 편리합니다. 예를 다음과 같이 사용합니다. Thank you for your help.(도와줘서 고마워요.) Thank you for the invitation.(초대해 줘서 고마워요.) 감사의 말을 들었을 때 응답으로는 Not at all. / Don't mention it.이 있지만, That's all right. / Don't worry. 등도 기억해 둡시다.

Unit 1 기본적인 감사의 표현

☑ 감사합니다.
Thank you. / Thanks.
땡큐   땡스

☐ 대단히 감사합니다.
Thanks a lot.
땡스   얼랏

a lot은 [얼랏]의 느낌으로 l 발음을 확실히 해준다.

☐ 진심으로 감사드립니다.
I heartily thank you.
아이 하트리   땡큐

☐ 여러모로 감사드립니다.
Thank you for everything.
땡큐   포   에브리씽

☐ 얼마나 감사한지 모르겠어요.
I can never thank you enough.
아이 캔 네버   땡큐   이넙

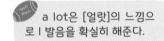
enough는 [이넙]이라고 소리낸 후에 [ㅎ]를 살짝 발음해 주는 느낌으로 발음한다. been a가 연음되어 [비너]가 되었다.

32

☑ 큰 도움이 되었어요.

You've been a great help.

유브   비너   그레이트 핼프

> been a가 연음되어 [비너]가 되었다.

☐ 정말 감사드립니다.

I appreciate it very much.

아이 어프리쉬에이릿   베리   마취

> appreciate it이 연음되어 [어프리쉬에이릿]으로 발음된다

☐ 김 씨, 제가 큰 은혜를 입었습니다.

You're doing me a big favor, Kim.

유어   두잉   미 어빅   페이버 킴

☐ 고맙습니다.

I'd appreciate it.

아이드 어프리쉬에이릿

☐ 가르쳐 줘서(조언을 해 줘서) 감사합니다.

Thank you for the tip(your advice).

땡큐   포 더   팁(유어 어드바이스)

☐ 태워다 주셔서 감사합니다.

Thank you for giving me a lift.

땡큐   포 기빙   미   어 리프트

> lift는 [리ㅎ프트]의 느낌으로 발음해준다.

☐ 도와줘서 감사합니다.

Thank you for your help.

땡큐   포 유어   헬프

☑ 그렇게 말씀해 주시니 고맙습니다.

It's very nice of you to say so.

잇츠 베리 나이스 오뷰 투 쎄이 쏘

☐ 환대에 감사드립니다.

Thank you for your hospitality.

땡큐 포 유어 하스피텔러티

> hospitality
> 는 [텔]을 강하
> 게 발음해준다.

☐ 친절을 베풀어 주셔서 감사합니다.

Thank you for your kindness.

땡큐 포 유어 카인니스

> kindness의 d는 거의
> 들리지 않을 정도로 아주
> 약하게 발음해준다.

☐ 여러모로 고려해 주셔서 정말 고맙게 생각합니다.

I appreciate your consideration.

아이 어프리쉬에잇 유어 컨시더레이션

> consideration
> 은 [레이]를 강하게
> 발음하는데 거의 [뤠
> 이]라고 발음하는 느
> 낌으로 해준다

☐ 보답해 드릴 수 있었으면 좋겠어요.

I hope I can repay you for it.

아이 호파이 캔 리패이 유 포릿

☐ 저희와 함께 시간을 보내 주셔서 감사합니다.

I appreciate your spending time with us.

아이 어프리쉬에잇 유어 스펜딩 타임 위더스

☐ 걱정해 주셔서 고맙습니다.

Thank you for your concern.

땡큐 포 유어 컨선

> concern은 강세
> 가 뒤에 있는데 [컨써
> (얼)언]처럼 발음한다
> 고 생각하면 좀 더 원어
> 민 발음에 가까워진다

Unit 4 감사의 선물을 줄 때

☑ 자, 선물 받으세요.

Here's something for you.
히어즈　썸씽　　　　포　유

> something은 [썸씽]과 [썸띵]의 중간 발음을 내보도록 한다. This is for you.(여기 선물요./당신 선물입니다.)라고 표현하기도 한다.

☐ 당신에게 드리려고 뭘 사왔어요.

I bought something for you.
아이 보트　썸씽　　　　포　유

☐ 당신에게 줄 조그만 선물입니다.

I have a small gift for you.
아이 해버　스몰　기프트 포　유

> small은 [스므얼]과 [스모얼]의 중간 정도 되도록 발음한다

☐ 이 선물은 제가 직접 만든 거예요.

This gift is something I made myself.
디스　기프트 이즈 썸씽　　　아이 메이드 마이셀프

☐ 대단치 않지만 마음에 들었으면 합니다.

It isn't much but I hope you like it.
잇 이즌트 마취　버라이 호퓨　　라이킷

> but I가 연음되어 [버라이]로 발음된다.

☐ 보잘것없는 것이지만 받아 주십시오.

Kindly accept this little trifle.
카인드리　억셉트　디스　리틀　트라이플

> little trifle 약소하다, 하찮다, 시시하다 / trifle은 [트파이프헐]의 느낌으로 발음한다.

Part 2 세련된 교제를 위한 표현

☑ 이건 바로 제가 갖고 싶었던 거예요.

This is just what I wanted.

디씨즈　　저스트 와라이　　원티드

☐ 당신은 정말 사려가 깊으시군요!

How thoughtful of you!

하우　　쏘웃플　　오뷰

> thoughtful은 [쏘웃ㅌㅍ헐]을 빨리 발음한다 생각하고 소리내어 보자

☐ 무엇 때문이죠?

What for?

왓　　포

☐ 당신의 선물을 무엇으로 보답하죠?

What shall I give you in return for your present?

왓 셀 아이 기뷰 인 리턴 포 유어 프레즌트

☐ 훌륭한 선물을 주셔서 대단히 고맙습니다.

Thank you very much for your nice present.

땡큐　　베리　마취　　포　유어　나이스 프레즌트

☑ 천만에요.

You're welcome.

유어　　　웰컴

☐ 천만에요. (강조)

You're more than welcome.

유어　　　모어　　댄　　　웰컴

☐ 원 별말씀을요(천만의 말씀입니다).

Don't mention it.

돈트　　　맨셔닛

☐ 제가 오히려 고맙죠.

It was my pleasure.

잇 워즈　　마이　플레져

☐ 제가 오히려 즐거웠습니다.

The pleasure's all mine.

더　　　플레져스　　　올　마인

☐ 대단한 일도 아닙니다(별 것 아닙니다).

No big deal.

노　빅　딜

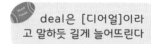
deal은 [디어얼]이라
고 말하듯 길게 늘어뜨린다

☐ 그것은 아무것도 아닙 니다.

It's nothing.

잇츠　낫씽

☑ 나한테 감사할 것까지는 없습니다.
No need to thank me.
노 니드 투 쌩크 미

☐ 이젠 괜찮습니다. 고맙습니다.
I'm all right now. Thank you.
아임 올 라잇 나우 땡큐

☐ 맛있게 드셨다니 다행입니다.
I'm glad you enjoyed it.
아임 글래쥬 인조이딧

> glad와 you가 연음되어 [글래쥬]로 발음된다.

☐ 수고랄 게 있나요. 제가 좋아서 한 건데요.
It was no trouble at all. It's my pleasure.
잇 워즈 노 트러블 앳롤 잇츠 마이 플레져

☐ 도움이 될 수 있어서 기쁩니다.
I'm glad to help you.
아임 글랫 투 핼퓨

> glad의 [ㅐ] 발음을 강조한다.

☐ 너무 대단한 일로 생각하지 마세요.
Don't make too much of it.
돈트 메이크 투 마취 어빗

> of it은 [어빗]과 [어브 잇]의 중간 정도로 너무 짧지도 않고 너무 길지도 않게 발음한다.

☐ 당신에게 신세를 많이 졌습니다.
I owe you so much.
아이 오우 유 소 마취

Chapter 02 사죄·사과를 할 때

약속 시간에 늦을 경우에는 I'm sorry to be late.(늦어서 미안해.)라고 합니다. Excuse me.(미안해요.)를 자주 쓰는 서양인도 일단 책임 문제라든가 돈에 관련된 트러블이 일어나면 결코 사죄를 하지 않는 것이 보통입니다. 이 점은 질릴 정도로 완고합니다. 만약 당신이 이런 경우에 처해서 I'm sorry.라고 하면 모든 책임은 당신에게 있는 꼴이 되어 버립니다. 함부로 말하면 안 되는 말입니다.

Unit 1 사과·사죄를 나타낼 때

☑ 실례합니다(미안합니다).
Excuse me.
익스큐즈 미

> wrong을 발음할 때는 속으로 [우]라고 발음하는 듯한 입술모양을 취하고 있다가 [(우)렁]하고 올리듯이 발음한다

☐ 실례했습니다. 사람을 잘못 봤습니다.
Excuse me. I got the wrong person.
익스큐즈 미 아이 가러 롱 퍼슨

☐ 미안합니다.
I'm sorry.
아임 쏘리

☐ 정말 죄송합니다.
I'm really sorry.
아임 리얼리 쏘리

☐ 당신에게 사과드립니다.
I apologize to you.
아이 어팔러좌이즈 투 유

☑ 늦어서 미안합니다.

I'm sorry. I'm late.

아임 쏘리　　아임 레이트

☐ 그 일에 대해서 미안하게 생각하고 있습니다.

I feel sorry about it.

아이 필 쏘리　　어바우릿

☐ 얼마나 죄송한지 모르겠습니다.

I can't tell you how sorry I am.

아 캔트 텔 유 하우 쏘리 아이 엠

> 다른 표현으로 I'm sorry kept you waiting., I'm sorry to be late again.이 있다.

☐ 오래 기다리게 해서 미안합니다.

I'm sorry to have you wait so long.

아임 쏘리　　투 해뷰　　　웨잇 쏘 롱

> earlier는 [어얼리어]처럼 앞부분을 길게 발음한다.

☐ 더 일찍 답장을 못 드려서 죄송합니다.

I'm sorry not to have answered earlier.

아임 쏘리　　낫 투 해브 앤서드　　얼리어

☐ 시간을 너무 많이 빼앗아 죄송합니다.

I'm sorry to have taken so much of your time.

아임 쏘리 투 해브 테이큰 쏘 마취 오뷰어 타임

☐ 폐를 끼쳐서 죄송합니다.

I'm sorry to disturb you.

아임 쏘리　　투 디스터뷰

☑ 실수에 대해 사과드립니다.

I apologize for the mistake.

아이 어팔러좌이즈 포 더 미스테이크

☐ 미안해요, 어쩔 수가 없었어요.

I'm sorry, I couldn't help it.

아임 쏘리 아이 쿠든트 헬핏

☐ 그럴 생각은 추호도 없었습니다(고의가 아닙니다).

I didn't mean it at all.

아이 디든트 미닛 앳롤

☐ 단지 제 탓이죠.

I can only blame myself.

아이 캔 온리 블레임 마이셀프

☐ 내가 말을 잘못했습니다.

It was a slip of the tongue.

잇 워저 슬립 오브 더 텅

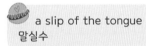
a slip of the tongue
말실수

☐ 내 잘못이었어요.

It was my fault.

잇 워즈 마이 폴트

☐ 그건 제가 생각이 부족했기 때문이에요.

That was thoughtless of me.

댓 워즈 쏘웃리스 옵미

☑ 용서해 주십시오.
Please forgive me.
플리즈　　포깁미

> 다른 표현으로 Pardon me., Give me a break.가 있다.

☐ 저의 사과를 받아 주세요.
Please accept my apology.
플리즈　　억셉트　　마이　어팔러지

☐ 다시는 그런 일이 없을 겁니다.
It won't happen again.
잇 원트　　해픈　　어게인

> won't는 [워우언트]를 빨리 발음한다.

☐ 늦어서 죄송합니다.
Please forgive me for being late.
플리즈　　포깁미　　포　빙　　레이트

☐ 한번 봐 주십시오.
Have a big heart, please.
해버　　빅　하트　　플리즈

> heart는 [하알트]의 느낌으로 발음한다

☐ 제가 한 일을 용서해 주십시오.

> what I've가 연음되어 [와라이브]처럼 발음된다.

Please forgive me for what I've done.
플리즈　　포깁미　　포　와라이브　　던

☐ 약속을 지키지 못한 걸 용서해 주세요.
Please forgive me for breaking the promise.
플리즈　　포깁미　　포　브레이킹　　더　　프라미스

Unit 5 사과·사죄에 대한 응답

☑ 괜찮습니다.
That's all right.
댓츠 올 라잇

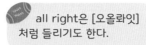
all right은 [오올라잇]
처럼 들리기도 한다.

☐ 괜찮아요.
That's O.K.
댓츠 오케이

☐ 걱정하지 마세요.
Don't worry about it.
돈트 워리 어바우릿

☐ 그까짓 것 문제될 것 없습니다.
No problem.
노 프라블럼

☐ 당신을 용서하겠어요.
You're forgiven.
유어 포기븐

☐ 좋아요. 받아들이죠.
All right. You're accepted.
올 라잇 유어 억셉티드

☐ 당신은 잘못한 게 없어요.
You did the right thing.
유 디드 더 라잇 씽

Chapter 03

축하와 환영을 할 때

'축하합니다'의 뜻을 가진 Congratulations! 는 항상 복수형으로 쓰입니다. 마지막 -s가 붙는 다는 걸 잊지 마세요. 또한, 무언가 노력을 하고, 경쟁에서 승리를 취했을 때 하는 말입니다. 때문에 결혼식에 초대받았을 경우 신랑은 물론이고 신부에게도 해서는 안 되는 말입니다. You look so beautiful!(아름다워요!)라고 말하면 됩니다. 보통 Congratulations!에 대한 응답은 Thank you.라고 하면 됩니다.

Unit 1 축하할 때

☑ 해냈군요! 축하합니다.

You made it! Congratulations.
유　　메이딧　　　컹그래츄레이션스

> congratulations 는 두 번째 [레]에 강세를 주어 발음한다. Bravo! 라고 표현하기도 한다.

☐ 승진을 축하합니다!

Congratulations on your promotion!
컹그래츄레이션스　　　온　유어　　프로모션

☐ 생일을 축하합니다!

Happy birthday to you!
해피　　　버쓰데이　　투　유

☐ 결혼을 축하합니다!

Congratulations on your wedding!
컹그래츄레이션스　　　온　유어　　웨딩

☐ 우리 기념일을 축하해.

Happy anniversary.
해피　　　에니버서리

> anniversary는 [버]에 강세를 두는데 [버(얼)]처럼 [ㄹ] 발음을 살짝 해준다

☑ 두 분이 행복하시길 빕니다!

May you both be happy!

메이 유 보쓰 비 해피

☐ 부인이 임신하셨다고 들었어요. 축하해요.

I hear your wife is expecting. Congratulations.

아이 히어 유어 와이프 이즈 익스펙팅 컹그래츄레이션스

☐ 출산을 축하합니다!

Congratulations on your new baby!

컹그래춰래이션스 온 유어 뉴 베이비

☐ 아주 기쁘시겠군요.

You must be very pleased.

유 머스트 비 베리 플리즈드

> must는 [머스]뒤에 약하게 [ㅌ] 발음을 해준다는 느낌을 갖고 발음한다.

☐ 축하합니다! 선물입니다.

Congratulations! Here's a little present for you.

컹그래츄레이션스 히어저 리틀 프레젠트 포 유

☐ 우리의 승리를 자축합시다!

Let's celebrate our victory!

렛츠 샐러브레이트 아워 빅터리

> victory는 [빅터리]와 [빅토리]의 중간으로 발음한다.

☐ 잘했어요!

You did a good job!

유 디더 굿 잡

☑ 새해 복 많이 받으세요!

Happy New Year!

해피   뉴   이어

> new는 [누]라고 발음 되기도 한다.

☐ 새해에는 모든 행운이 깃들기를!

All the best for the New Year!

올   더   베스트 포 더   뉴   이어

> best는 [베슷ㅌ] 의 느낌으로 발음한다.

☐ 더 나은 해가 되길 바랍니다.

I hope you'll have a better year.

아이 호프 유윌   해버   베터   이어

☐ 당신에게 신의 축복이 있기를!

God bless you!

갓   블레슈

> bless you가 연음되어 [블레슈]로 발음된다.

☐ 모든 일이 잘되기를 바래요.

I hope everything will come out all right.

아이 호프 에브리씽   윌   컴   아웃 올 롸잇

☐ 잘되길 바랍니다.

I wish you the best of luck.

아이 위슈   더   베스트 오브 럭

> luck은 [럭] 뒤에 살짝 [ㅋ] 소리를 내주 는 느낌으로 발음한다

☐ 즐거운 크리스마스 보내세요!

Merry Christmas!

메리   크리스마스

> Christmas 중간에 있는 자음 t는 발음하지 않는다.

☑ 즐거운 명절 되세요!
Happy Holidays!
해피　　　할러데이즈

☐ 즐거운 발렌타인데이예요!
Happy Valentine's Day!
해피　　　발렌타인즈　　　데이

Valentine's는 [봬얼런타이인즈]의 느낌으로 발음한다.

☐ 행복하길 빌겠습니다.
I hope you'll be happy.
아이 호프 유윌　　비　해피

☐ 성공을 빕니다!
May you succeed!
메이　유　　썩시드

succeed는 [썩씨이드]처럼 뒷부분에 강세를 두고 늘려주며 발음한다.

☐ 행운을 빌게요.
Good luck to you.
굿　　　럭　　투 유

☑ 정말 환영합니다.
You're quite welcome.
유어　　콰잇　웰컴

☐ 같이 일하게 되어 반갑습니다.
Glad to have you with us.
글래드　투　해뷰　　　위더스

> glad의 [드] 소리와 to 가 겹쳐져서 [글래~투]로 발음된다.

☐ 한국에 오신 것을 환영합니다.
Welcome to Korea.
웰컴　　　　투　코리어

☐ 이곳이 마음에 들기를 바랍니다.
I hope you'll like it here.
아이 호프 유윌　　라이킷　히어

> here은 [히어] 뒤에 [ㄹ] 소리를 살짝 내어 [히어(얼)]처럼 발음한다.

☐ 당신과 함께 일하길 고대하고 있습니다.
I'm looking forward to working with you.
아임 루킹　　　포워드　　　투 워킹　　　위쥬

☐ 안녕하세요, 김 씨. 입사를 축하합니다.
Hi, Miss Kim. Welcome aboard.
하이 미스　　킴　　웰컴　　　　어보드

☐ 그에게 큰 박수를 부탁드립니다.
Please give him a big hand.
플리즈　　기빔어　　　　빅　핸

> give him a를 빠르게 말하면 [기빔어]처럼 발음된다. 그리고 hand는 [핸]이라고 발음한 끝에 약하게 [ㄷ] 발음으로 마무리한다.

Chapter 04

초대를 할 때

상대를 초대하고 싶은 때는 Do you have any plans for this weekend?(이번 주말은 무슨 계획이 있으세요?)라고 하면 됩니다. Why don't you visit me for a cup of tea?(차라도 한 잔 마시러 오시지 않겠습니까?)라고 차 대접을 할 때도 있습니다. 그럴 때는 I'll make a cake for you.(당신을 위해 케이크를 만들게요.)라고 덧붙인다면, 이것만으로도 훌륭한 tea party가 됩니다.

Part 2

세련된 교제를 위한 표현

Unit 1 초대할 때

☑ 오늘 저녁에 시간이 있나요?

Are you free this evening?

아유　프리　디스　이브닝

> this와 Saturday에서 s 소리가 만나 [딧 쌔러데이] 처럼 발음된다.

☐ 이번 토요일에 무엇을 하실 건가요?

What are you doing this Saturday?

와라유　두잉　디스　쌔러데이

☐ 저녁 식사하러 우리 집에 오실래요?

Will you come to my house for dinner?

윌　유　컴　투　마이　하우스　포　디너

☐ 제 생일파티에 오시는 게 어때요?

How about coming to my birthday party?

하우　어바웃　커밍　투　마이　버쓰데이　파티

☐ 파티에 오시지 그러세요?

Why don't you come to the party?

와이　돈츄　컴　투　더　파티

☑ 좋은 생각이에요.

(You have a) Good idea.
(유 해버)　　　굿　　　아이디어

□ 기꺼이 그렇게 하겠습니다.

I'd be happy to.
아이드 비 해피　　투

□ 그거 아주 좋겠는데요.

That sounds great.
댓　　사운즈　　그레이트

> great는 [그뤠잇]의 느낌으로 발음한다.

□ 멋진데요.

Sounds good.
사운즈　　굿

□ 저는 좋습니다.

That's fine with me.
댓츠　　파인　위드　미

□ 고맙습니다, 그러죠.

Thank you, I will.
땡큐　　　아이 윌

> will은 [위이얼]을 빨리 말한다 생각하고 발음한다.

□ 초대해 주셔서 감사합니다.

Thank you for inviting me.
땡큐　　　포　인바이팅　미

> inviting은 [인바이딩] 또는 [인바이링]으로 발음되기도 한다.

Unit 3 초대에 응할 수 없을 때

☑ 죄송하지만, 그럴 수 없습니다.

I'm sorry, but I can't.

아임 쏘리　　버라이 캔트

> can't는 [캐애앤트]라고 말하는 기분으로 발음한다.

☐ 죄송하지만, 그럴 수 없을 것 같군요.

I'm sorry, but I don't think I can.

아임 쏘리　　버라이 돈트　　씽크　　아이 캔

☐ 죄송하지만, 해야 할 일이 있습니다.

Sorry, but I have some work to do.

쏘리　　버라이 해브 썸　　워투　　두

☐ 유감스럽지만 안 될 것 같군요.

I'm afraid not.

아임 어프레이드 낫

☐ 그럴 수 있다면 좋겠군요.

I wish I could.

아이 위시 아이 쿠드

> could의 끝 소리는 [쿠우드]처럼 약하게 [ㄷ] 소리만 낸다는 기분으로 한다. 응할 수 없을 때 유감을 표현하는 말이다.

☐ 그러고 싶지만 오늘밤은 이미 계획이 있습니다.

I'd love to, but I already have plans tonight.

아이드 러브 투 버라이 올레디　　해브　　플랜즈　　투나잇

☐ 오늘 저녁은 안 되겠습니다.

I'd rather not this evening.

아이드 래더　　낫 디스 이브닝

Chapter 05

방문을 할 때

방문객을 집의 현관에서 맞이할 경우에는 우선 We are so glad you could come.(잘 오셨습니다.)이라고 인사를 합니다. 그리고 신발을 현관에 벗게 하고 Please put on the slippers.(슬리퍼를 신으십시오.)라고 권합니다. This way, please.(이쪽으로 오십시오.)라고 거실로 안내를 하면 됩니다. 참고로 거실에 있는 소파를 미국에서는 couch(카우취), 영국에서는 settee(세티)라고 합니다.

Unit 1 손님을 맞이할 때

☑ 어서 들어오십시오.
Please come in.
플리즈   컴   인

□ 이쪽으로 오시겠어요?
Why don't you come this way?
와이   돈츄   컴   디스 웨이

□ 멀리서 와 주셔서 감사합니다.
Thank you for coming such a distance.
땡큐   포   커밍   써취   어 디스턴스

□ 여기 오시는 데 고생하지 않으셨어요?
Did you have any trouble getting here?
디쥬   햅에니   트러블   게링   히어

trouble의 t는 [ㅌ]과 [ㅊ]의 중간 소리라는 느낌으로 발음한다.

□ 편히 하세요.
Make yourself at home.
메이크   유어셀프   앳 홈

Take it easy.라고 표현하기도 한다.

☑ 뭐 좀 마시겠습니까?

Would you like something to drink?

우쥬　　　　　라이크 썸씽　　　　　투　드링크

> drink는 [드링] 뒤에 살짝 [ㅋ] 소리를 내며 마무리 해준다.

☐ 저녁식사 준비가 되었습니다.

Dinner is ready.

디너　　　이즈 레디

☐ 드시고 싶은 것을 맘껏 드세요.

Help yourself to anything you like.

헬프　　유어셀프　　투　에니씽　　유　　라이크

☐ 어서 드십시오.

Go ahead and start eating.

고　　어헤드　　앤　스타트　이팅

> start는 [스따(알)ㅌ] 처럼 된소리를 내어준다

☐ 좀 더 드시겠어요?

Why don't you help yourself to some more?

와이　돈츄　　　헬프　유어셀프　　투 썸　　모어

☐ 훌륭한 저녁식사였습니다.

This was a wonderful dinner.

디스　워저　　원더풀　　　디너

> wonderful은 [원더ㅍ훨]이라고 말하는 기분으로 발음한다

☑ 이제 그만 실례하겠습니다.
I think I should be going now.
아이 씽크 아이 슈드   비 고잉   나우

> think는 [띵]과 [씽]의 중간 정도 발음인데 정확한 발음을 위해서는 혀를 윗니와 아랫니 사이에 넣었다 빼면서 발음한다. I have to go now., I must be going now.라고 표현할 수도 있다.

☐ 오, 늦었네요. 가봐야겠어요.
Oh, I'm late. I should be going.
오   아임 레이트 아이 슈드   비 고잉

☐ 이만 돌아가봐야겠어요.
I've come to say goodbye.
아이브 컴   투 쎄이 굿바이

☐ 아주 즐거웠습니다.
I had a very good time.
아이 해더 베리 굿   타임

☐ 또 오세요.
I hope you will visit us again.
아이 호퓨   윌 비지트 어스 어게인

> will은 [위이얼]이라 말하는 기분으로 발음한다.

☐ 다음에는 꼭 저희 집에 와주세요.
Next time you must come and visit me.
넥스트 타임 유 머스트 컴   앤 비지트 미

Chapter 06

약속을 할 때

약속의 표현은 일상생활에서 가장 사용 빈도가 높은 실용적인 사항의 하나이므로 When would it be convenient for you?(언제가 좋겠습니까?), Can you make it?(괜찮겠습니까?) 등의 일정한 상용 표현을 익혀 두십시오. 약속을 할 때 시간과 장소는 상대방의 사정에 맞추는 것이 일반적입니다. 특히 날짜나 시간을 정확히 기억해 두고 잘못 들었을 경우도 있으므로 되물어 재차 확인해 두는 것이 좋습니다.

Part 2

세련된 교제를 위한 표현

Unit 1 약속을 청할 때

☑ 시간 좀 있어요?
Do you have time?
두 유 해브 타임

> Do you have the time?
> 몇 시입니까?

☐ 잠깐 만날 수 있을까요?
Can I see you for a moment?
캔 아이 씨 유 포러 모먼트

> moment는 [모우먼트] 처럼 발음한다.

☐ 내일 한번 만날까요?
Do you want to get together tomorrow?
두 유 원투 겟 투게더 터마로우

> tomorrow는 [마]에 강세를 두고 발음한다.

☐ 이번 주말에 시간 있으세요?
Are you free this weekend?
아유 프리 디스 위켄드

☐ 내일 약속 있으세요?
Do you have any appointments tomorrow?
두 유 햅에니 어포인트먼츠 터마로우

55

☑ 이번 주 스케줄을 확인해 보겠습니다.

I'll check my schedule for this week.

아일 체크　　마이 스케쥴　　포　디스　윅

> next는 [넥스트]를 빨리 발음하여 [넥스트]처럼 발음한다

☐ 다음 주쯤으로 약속할 수 있습니다.

I can make it sometime next week.

아이 캔 메이킷　　썸타임　　넥스트 윅

☐ 그날은 약속이 없습니다.

I have no engagements that day.

아이 해브　노우 인게이쥐먼츠　　댓　데이

☐ 오늘 오후는 한가합니다.

I'm free this afternoon.

아임 프리　디스　애프터눈

☐ 3시 이후 2시간 정도 시간이 있습니다.

I'm free for about two hours after 3.

아임 프리　포　어바웃　투　아워즈　애프터 쓰리

☑ 왜 그러는데요?

Why do you ask?

와이　두　유　애스크

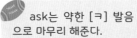
ask는 약한 [ㅋ] 발음
으로 마무리 해준다.

☐ 무슨 일로 절 만나자는 거죠?

What do you want to see me about?

왓　두 유　원투　씨　미　어바웃

☐ 좋아요, 시간 괜찮아요.

Yeah, I'm free.

야아　아임 프리

☐ 이번 주말엔 별다른 계획이 없어.

I have no particular plans for this weekend.

아이 해브 노　파티큘러　플랜스 포　디스　위켄드

☐ 미안해요, 제가 오늘 좀 바빠서요.

I'm sorry, I'm little busy today.

아임 쏘리　아임 리틀　비지　투데이

☐ 오늘 손님이 오기로 돼 있어요.

I'm expecting visitors today.

아임 익스펙팅　비지터스　투데이

☐ 미안해요, 제가 오늘은 스케줄이 꽉 차 있어요.

I'm sorry, I'm booked up today.

아임 쏘리　아임 북텁　투데이

booked up이 연음
되어 [북텁]과 [북떰]의 중
간으로 발음된다.

Part 2 세련된 교제를 위한 표현

Part 2 세련된 교제를 위한 표현

Part 2 세련된 교제를 위한 표현

Side tab text: Part 2 세련된 교제를 위한 표현

☑ 몇 시로 했으면 좋겠어요?

What time is good for you?

왓 타임 이즈 굿 포 유

☐ 언제 만나면 될까요?

When can we meet?

웬 캔 위 밋

> available의 끝소리 [블]은 약음으로 [어베일러벌]처럼 발음한다

☐ 몇 시쯤에 시간이 납니까?

What time will you be available?

왓 타임 윌 유 비 어베일러블

☐ 3시는 괜찮겠습니까?

Is three o'clock OK for you?

이즈 쓰리 어클락 오케이 포 유

☐ 어디서 만날까요?

Where should we make it?

웨어 슈드 위 메이킷

> should는 [슈ㄷ] 느낌으로 발음한다.

☐ 만날만한 곳이 어디 없을까요?

What's a good place to get together?

왓츠 어 굿 플레이스 투 겟 투게더

☑ 한 시간만 뒤로 미룹시다.

Let's push it back an hour.

렛츠 　 푸쉬 　 잇 백 　 언 아워

☐ 다음 기회로 미뤄도 될까요?

Can I take a rain check?

캔 　 아이 테이커 　 레인첵

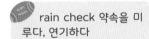
rain check 약속을 미루다, 연기하다

☐ 약속을 취소해야겠어요.

I have to cancel.

아이 햅투 　 캔슬

cancel은 앞에 강세를 두고 [캐앤설]처럼 발음한다

☐ 약속에 못 나갈 것 같아요.

I'm not going to be able to make it.

아임 낫 고잉 　 투 비 에이블 투 메이킷

make it (약속이나 일정에) 시간 맞춰 가다, 참석하다

Chapter 07

식사를 제의할 때

음식을 먹기 전에 These dishes look so delicious.(이 요리 맛있군요.), That's my favorite.(이건 내가 좋아하는 것입니다.) 라고 말한다면 무척 기뻐할 것입니다. 그리고 한 입 먹고 나서 This is really good!(이거 정말 맛있군요.)라고 말하고, How do you cook such a delicious omelet?(어떻게 하면 이렇게 맛있는 오믈렛을 만들 수 있습니까?) 등으로 요리 만드는 방법을 묻습니다.

Unit 1 식사를 제의할 때

☑ 우리 점심 식사나 같이 할까요?

Shall we have lunch together?
쉘 위 해브 런치 투게더

☐ 저녁 식사 같이 하시겠어요?

Would you join me for dinner today?
우쥬 조인 미 포 디너 투데이

☐ 오늘 저녁에 외식하자.

Let's eat out tonight.
렛츠 이라웃 투나잇

eat out은 연음되면 [이라웃]처럼 발음된다.

☐ 나가서 먹는 게 어때?

How about going out for something to eat?
하우 어바웃 고잉 아웃 포 썸씽 투 이트

☐ 내일 저녁 식사 같이 하러 가실까요?

May I take you to dinner tomorrow?
메아이 테이큐 투 디너 터마로우

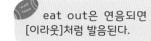

☑ 점심 식사하러 나갑시다.

Let's go out for lunch.

렛츠　고　아웃　포　런치

☐ 뭐 좀 간단히 먹으러 나갑시다.

Let's go out for a snack.

렛츠　고　아웃　포러　스넥

☐ 언제 식사나 같이 합시다.

We'll have to do lunch sometime.

위월　핸투　두　런치　썸타임

☐ 여기 들러서 뭐 좀 먹읍시다.

Let's stop here for a bite to eat.

렛츠　스탑　히어　포러　바잇　투 이트

☐ 언제 식사나 같이 합시다.

We'll have to do lunch sometime.

위월　핸투　두　런치　썸타임

SAN FRANCISCO

☑ 계산해 주세요.
Bill, please.
빌   플리즈

> I'd like the check, please.
> 나 Check, please.라고 해도 무방
> 하다. bill은 [비으얼]을 빨리 발음
> 한다는 느낌으로 말한다.

☐ 제가 낼게요.
(This is) My treat.
(디씨즈)   마이 트릿

☐ 자 갑시다! 제가 살게요.
Come on! It's on me.
컴 온   잇츠 온 미

☐ 제가 점심을 대접하겠습니다.
Let me treat you to lunch.
렛   미   트릿츄   투 런취

☐ 걱정 마. 내가 살게.
Don't worry about it. I'll get it.
돈트   워리   어바우릿   아윌 게릿

> get it이 연
> 음되어 [게릿]으
> 로 발음된다.

☐ 내가 초대했으니 내가 내야지.
I invited you out, so I should pay.
아이 인바이티드 유 아웃 쏘 아이 슈드   페이

☐ 잔돈은 가지세요. (팁을 의미함)
Keep the change.
킵더   체인쥐

PART

3

유창한 대화를 위한 표현

보통 일반인에게 사용되는 경칭으로는 Mister(Mr.), Mistress(Mrs.), Miss. Master 등이 있습니다. 영국의 경우에는 ESQ라 하여, Mr.보다 더 심오한 존경의 뜻을 담은 경칭을 사용하기도 합니다. 이외에도 Dr.(Doctor)와 Sir.를 사용하기도 하는데, 이는 말하는 사람이 스스로 지위를 낮춤으로써 상대방에게 경의를 표하는 것으로써 단, Sir.의 경우에는 사용상에 제한이 따릅니다. 즉, 나이나 지위가 비슷한 사람끼리는 사용하지 않으며, 여성에게는 호칭하지 않습니다.

Chapter 01

질문을 할 때

한 마디로 상대가 한 말을 알아들으려면 '5W+1H'를 사용하면 됩니다. 이야기의 내용이 장소에 대해서 이야기하는 것을 알겠는데 분명하지 않을 때 Where?(어디입니까?)라고 하면 다시 한번 반복해서 말해 줄 겁니다. 그밖에 Who?(누구), When?(언제?), What?(무엇?), Why?(왜?), How?(어떻게?)를 사용하세요. 5개의 W와 하나의 H로 시작하는 의문사는 단독으로 쓸 수 있는 편리한 말입니다.

Unit 1 질문을 할 때

☑ 질문 하나 있습니다.
I have a question.
아이 해버 퀘스쳔

> question은 [퀘]에 강세를 두고 [쿠웨스쳔]의 느낌으로 발음한다.

☐ 질문 하나 해도 될까요?
May I ask you a question?
메아이 애스큐어 퀘스쳔

> specific은 [시]에 강세를 두고 [스피씨ㅍ+휙]의 기분으로 말한다.

☐ 구체적인 질문 몇 가지를 드리겠습니다.
Let me ask you some specific questions.
렛 미 애스큐 썸 스피시픽 퀘스쳔스

☐ 누구한테 물어봐야 되죠?
Whom should I ask?
훔 슈다이 애스크

> should I가 연음되어 [슈다이]로 발음된다. who should I ask?도 같은 뜻으로 쓰인다.

☐ 이 머리글자들은 무엇을 의미합니까?
What do these initials stand for?
왓 두 디즈 이니셜스 스탠드 포

☑ 이것을 영어로 뭐라고 하죠?

What's this called in English?

왓츠　　　디스　콜드　　　인　잉글리쉬

> English는 [잉]에 강세를 두고 발음한다.

☐ 이 단어를 어떻게 발음하죠?

How do you pronounce this word?

하우　두　유　프러나운스　　　디스　워드

☐ 그건 무엇으로 만드셨어요?

What's it made of?

왓츠　　　잇 메이덥

> made of가 연음되어 [메이덥]으로 발음되는데 마지막에 입술을 떼어 [ㅂ] 발음까지 해주는 것도 잊지 않는다.

☐ 그건 무엇에 쓰는 거죠?

What's it used for?

왓츠　　　잇 유즈드　포

☐ 내 질문에 답을 해 주세요.

Please answer my question.

플리즈　　　앤서　　　마이 퀘스천

☐ 답을 말해 보세요.

Give the answer.

깁　　　더　　　앤서

☐ 여기까지 다른 질문은 없습니까?

Does anyone have any questions so far?

더즈　　　에니원　　　햅에니　　　퀘스쳔스　　　쏘　파

> far는 [파]와 [화]의 중간 발음이며 윗니와 아랫입술 사이 틈으로 공기가 새어나오게 발음할 때 가장 자연스러운 발음이 된다.

65

☑ 좋은 질문입니다.
Good question.
굿 퀘스쳔

☐ 더 이상 묻지 마세요.
No more questions.
노 모어 퀘스쳔스

> 질문에 대한 답을 쉽게 하기 어려운 경우 난감함을 표현할 때도 쓰이는 표현이다

☐ 답변하고 싶지 않습니다.
I don't owe you an explanation.
아이 돈트 오유 언 엑스플러네이션

> explanation 은 [네]에 강세를 두고 발음한다.

☐ 뭐라고 대답해야 좋을지 모르겠습니다.
I don't know how to answer.
아이 돈트 노우 하우 투 앤서

☐ 저는 모르겠습니다.
I don't know.
아이 돈트 노우

☐ 모르기는 저도 마찬가지입니다.
Your guess is as good as mine.
유어 게스 이즈 애즈 굿 애즈 마인

Chapter 02

응답을 할 때

짧은 표현으로 찬성하고 싶을 때는 Certainly!(알았습니다!), Definitely!(맞아요!), Exactly!(확실히 그래요!) 등으로 표현하는데, 이것은 모두 강한 긍정을 나타냅니다. 상대가 한 말을 찬성할 수 없을 때는 확실히 그것을 전달하지 않으면 안 됩니다. 잠자코 듣고 있으면 찬성으로 받아들일 수도 있기 때문입니다. That's not correct!(그건 옳지 않아요!), That's wrong.(그건 틀려요!)라고 반론합니다.

Part 3 우정인 대화를 위한 표현

Unit 1 긍정의 마음을 전할 때

☑ 좋아요.
Sure. / Certainly. / You bet.
슈어　　　　써튼리　　　　　　　유 벳

☐ 좋아.
Fine. / That'll be fine. / That's fine.
파인　　　대를 비 파인　　　　　댓츠 파인

☐ 알겠습니다.
Yes, sir. / Yes, madam. / Yes, Miss.
예　써　　　예스　마담　　　　　예스　미쓰

☐ 맞습니다.
Exactly. / That's right. / You're right.
이그잭틀리　　　댓츠 라잇　　　　유어 라잇

> exactly는 [잭]을 강하게 발음한다

☐ 그렇습니다(알겠습니다).
I see.
아이 씨

> 관련 표현으로 Yes., Sure., Certainly. 등이 있다.

☑ 네, 부탁합니다.
Yes, please.
예스   플리즈

□ 전적으로 말씀하신 대로입니다.
You said it. / Absolutely.
유 세릿   앱썰루틀리

said it은 연음되어 [세릿] 또는 [세딧]으로 발음된다. absolutely는 [앱]과 [루]를 강하게 발음한다.

□ 물론이죠.
Of course.
오브 코스

□ 기꺼이 할게요.
With pleasure. / I'd be glad to.
위드   플레져   아이드 비 글래드 투

glad to가 만나 glad의 d 소리는 거의 나지 않는다

□ 저도 그렇게 생각합니다.
Yes, I think so. / I agree with you.
예스   아이 씽크 쏘   아이 어그리 위쥬

think는 혀끝을 윗니와 아랫니 사이에 걸쳤다 빼면서 발음한다.

□ 저도 같은 의견입니다.
That's my opinion, too.
댓츠   마이 어피니언   투

opinion은 [피]에 강세를 두고 발음한다

□ 그렇군요.
I got it.
아이 가릿

☑ 아니요.
No.
노우

□ 한번도 없어요.
I never have.
아이 네버   해브

□ 아니, 지금은 됐어요(안 됩니다).
No, not now, thanks.
노우 낫 나우   땡스

□ 유감스럽지만, 안되겠어요.
I'm afraid not.
아임 어프레이드 낫

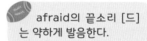

afraid의 끝소리 [드]
는 약하게 발음한다.

□ 그건 몰랐습니다.
I didn't know that.
아이 디든트 노우   댓

□ 그건 금시초문입니다.
That's news to me.
댓츠   뉴스   투 미

□ 그렇지 않아요.
No, sir. / No, madam. / No, Miss.
노 써 노 마담   노 미스

☑ 그렇게 생각하지 않아요.
I don't think so.
아이 돈트 씽크 쏘

☐ 괜찮아요. (사죄에 대한 응답)
That's all right. / That's OK. / Don't worry.
댓츠 올 롸잇 댓츠 오케이 돈트 워리

☐ 아무것도 아니에요.
Don't mention it. / Not at all. / It's nothing.
돈트 멘션 잇 낫래롤 잇츠 낫씽

☐ 아직요.
Not yet.
낫 옛

☐ 물론 다릅니다.
Of course not. / Certainly not.
오브 코스 낫 써튼리 낫

☑ 있을 수 있어요(그럴 수 있어요).

It's possible. / It's quite possible.
잇츠 파서블   잇츠 콰잇   파서블

> possible은 [파]에 강세를 주며 [파서벌]에 가깝게 발음한다.

☐ 그럴지도 모르겠어요.

You could be right. / I suppose so.
유 쿠드 비 롸잇   아이 써포우즈 쏘

☐ 아마도….

Maybe….
메이비

☐ 그렇대요.

So I hear. / So I've heard.
쏘 아이 히어   쏘 아이브 허드

> heard는 [허얼ㄷ]의 느낌으로 d 발음은 약하게 해준다.

☐ ~라고 합니다.

I hear ~. / I understand ~.
아이 히어   아이 언더스탠드

☐ 그렇다면 좋겠는데….

I hope so….
아이 홉쏘

☐ 그건 경우에 따라 다릅니다.

That depends. / It depends.
댓   디펜즈   잇 디펜즈

☑ 어쩐지….
I doubt it….
아이 다우릿

☐ 믿을 수 없어.
I can't believe it. / It's doubtful.
아이 캔트 빌리브 잇 잇츠 다웃풀

> believe it은 연음되어
> [빌리빗]처럼 발음한다.

☐ 정말로?
Really? / Are you really?
리얼리 아유 리얼리

☐ 본심이야?
Are you serious?
아유 씨리어스

> serious는 [씨]에 강
> 세를 두고 발음한다.

☐ 이상하군요.
Isn't it funny?
이즌닛 퍼니

☐ 네, 하지만 의심스럽군요.
Yes, but I doubt that.
예스, 벗 아이 다웃 댓

Chapter 03

맞장구를 칠 때

상대가 한 말을 긍정적으로 받아들이고 싶을 때는 That's right.
(맞습니다.) / Indeed.(정말이군요.), 혹은 Sure.(물론이죠.) 등
으로 말합니다. 또한 부정하고 싶은 때는 I don't think so.(나
는 그렇게 생각하지 않아요.) / It's not true.(그건 다릅니다.)
/ Never.(절대로 그럴지는 않습니다.) 등으로 표현하면 됩니다.
상대의 말에 놀랐을 때는 Incredible!(믿을 수 없어요!) / No
kidding!(농담 마세요!) 등을 씁니다.

Unit 1 확실하게 맞장구를 칠 때

☑ 맞아요.
(That's) Right.
댓츠　　　　라잇

> 관련 표현으로 That's it., Of course. 등이 있다.

☐ 틀림없어.
Sure. / It must be.
슈어　　잇 머스트 비

☐ 확신해요.
I'm positive.
아임 파지티브

> positive는 [파]에 강세를 두고 si 부분은 약하게 [파저티브] 또는 [파저리브]로 발음한다.

☐ 동의합니다.
I agree. / So am I.
아이 어그리　쏘 엠 아이

☐ 저도 그래요.
So do I. / I think so.
쏘　두 아이　아이 씽크 쏘

73

☑ 네, 그게 바로 제 생각입니다.
Yes, that's what I mean.
에스 댓츠 와라이 민

☐ 사실이에요.
That's true.
댓츠 트루

> true는 [트루]와 [츄루]
> 의 중간 정도로 발음해준다.

☐ 그거예요.
That's it. / Quite so. / Exactly.
댓츠 잇 콰잇 쏘 이그잭트리

> exactly는 [잭]에 강
> 세를 두고 [이그잭-을리]
> 의 기분으로 발음한다.

☐ 과연 그렇군요.
Absolutely.
앱썹루틀리

> [루]에 강세를 주어 [앱
> 썰룻-을리]의 느낌으로 발
> 음한다

☐ 좋아요.
Fine. / Good.
파인 굿

> idea는 [디]에 강세
> 를 두고 발음한다.

☐ 좋은 생각이에요.
That's a good idea. / That'll be fine.
댓츠 어 굿 아이디어 대를 비 파인

☐ 네, 그렇고말고요.
Yes, indeed.
에스 인디드

> indeed는 [디]를 강하
> 고 길게 발음하고 [드]는 약
> 하게 발음한다.

☑ 아마도….
Maybe….
메이비

☐ 그럴지도 모르겠어요.
Could be.

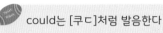
could는 [쿠ㄷ]처럼 발음한다

쿠드   비

☐ 그럴 거라고 생각합니다.
I suppose so.
아이 써포우즈   쏘

☐ 그렇기를 바랍니다.
I hope so.
아이 홉   쏘

☐ 저도 역시 그렇게 생각합니다.
Yes, I think so too.
예스   아이 씽크 쏘 투

☐ 재미있겠군요.
That sounds interesting.

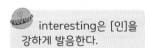
interesting은 [인]을 강하게 발음한다.

댓   사운즈   인터레스팅

☑ 그래요?
Is that so?
이즈 댓   쏘

☐ 어머, 그래요?
Oh, are we?
오   아   위

☐ 아, 그러셨어요?
Oh, you did?
오   유   디드

☐ 그래요?
Have you?
해뷰

Unit 4 부정의 맞장구

☑ 설마! / 그럴 리가요!

Not really! / You don't say so!
낫 리얼리   유   돈트   쎄이 쏘

☐ 아니요, 그렇게 생각지 않아요.

No, I don't think so.
노   아이 돈트 씽크   쏘

☐ 그래요? 저도 좋아하지 않습니다.

Don't you? Neither do I.
돈츄   니더   두 아이

☐ 모르겠어요.

I don't know.
아이 돈트   노우

☐ 확실히 모르겠어요.

I'm not sure.
아임 낫   슈어

☐ 참 안됐네요.

That's too bad.
댓츠   투   배드

☐ 그건 무리예요.

It's impossible.
잇츠 임파서블

impossible은 [파]에 강세를 두고 [임파-서버얼]의 느낌으로 발음한다.

Part 3
유창한 대화를 위한 표현

77

잘 알아들을 수 없거나 다시 한번 말해 달라고 하는 경우에는 Once more!나 Once again!은 사용하지 마세요. 이건 예를 들면 선생님이 학생들에게 뭔가를 가르치면서 '아직 이해가 안 되는 모양이군. 다시 한번 해봅시다.'라는 경우의 '다시 한번'입니다. 역시 Pardon?이라고 하는 게 가장 간단한 표현입니다. 다른 나라의 말을 익힌다는 것은 진정한 커뮤니케이션의 시작입니다.

Unit 1 되물을 때

☑ 뭐라고요?
Excuse me?
익스큐즈 미

공손한 말투로 문장 끝 부분을 올려서 발음하면 '실례합니다'라는 뜻이 아니라 Pardon me?나 Sorry?와 같이 '다시 한번 말해주세요'라는 뜻이 된다. excuse는 [큐]를 길게 발음한다.

☐ 뭐라고?
What?
왓

☐ 뭐라고 했지?
You said what?
유   쎄드   왓

☐ 방금 뭐라고 말씀하셨죠?
What did you say just now?
왓   디쥬   쎄이 저스트 나우

☐ 맞습니까?
Is that right?
이즈 댓   롸잇

☑ 그렇습니까?
Is that so?
이즈 댓 쏘

☐ 정말인가요?
Really?
리얼리

☐ 그랬습니까?
Did you?
디쥬

☐ 그러세요?
Are you?
아유

☐ 네?
Sorry?
쏘리

☐ 농담이시죠.
You're kidding.
유어 　키딩

kidding은 [키링]으로 발음되기도 한다

☑ 다시 말씀해 주시겠어요?

(I) Beg your pardon?

(아이) 백 유어 파든

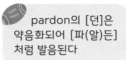

pardon의 [던]은 약음화되어 [파(알)든] 처럼 발음된다

□ 다시 한번 말씀해 주십시오.

Please say that again.

플리즈 쎄이 대러게인

that again이 연음되어 [대러게인]처럼 발음된다.

□ 미안합니다. 잘 모르겠는데요.

Sorry. I don't quite get you.

쏘리 아이 돈트 콰잇 게츄

□ 말이 너무 빨라서 모르겠습니다.

You're speaking a little too quickly for me.

유어 스피킹 어 리틀 투 퀴클리 포 미

down a bit이 연음되어 [다우너빗]으로 발음된다.

□ 천천히 말씀해 주시겠어요?

Could You possibly slow down a bit?

쿠쥬 파서블리 슬로우 다우너 빗

□ 전혀 들리지 않네요. 더 분명하게 말씀해 주시겠어요?

I don't quite hear you. Could you speak more clearly?

아이 돈트 콰잇 히어 유 쿠쥬 스피크 모어 클리얼리

□ 더 큰소리로 말씀해 주시겠어요?

Would you speak a little louder?

우쥬 스피커 리틀 라우더

☑ 이해하시겠어요?

Do you understand it?

두 유   언더스탠딧

☐ 제 말 뜻을 이해하시겠어요?

Do you understand what I mean?

두 유   언더스탠드   와라이   민

☐ 제가 한 말을 알겠어요?

Do you understand what I'm saying?

두 유   언더스탠드   와라임   쎄잉

☐ 지금까지 제가 한 말을 이해하시겠어요?

Are you with me so far?

아유   위드 미   쏘 파

> saying은 [쎄인]으로
> 발음되기도 한다.

☐ 무슨 뜻인지 이해하시겠어요?

Do you understand the meaning?

두 유   언더스탠드   더   미닝

☑ 이해했어요.
I understand.
아이 언더스탠드

☐ 아, 알겠습니다.
Oh, I've got it.
오   아이브 가릿

☐ 알겠군요.
I get the picture.
아이 게러   픽쳐

☐ 이해가 되는군요.
It makes sense to me.
잇 메익스   쎈스   투 미

☐ 아! 무슨 말씀인지 알겠습니다.
Oh! I see what you mean.
오   아이 씨 왓   유   민

> what you는 연음되어 [왓츄]처럼 발음되기도 한다.

☐ 와, 그러니까 감이 잡히는군요.
Wow, that really tells a story.
와우   댓   리얼리   텔서   스토리

☐ 이해할 만하군요.
That's understandable.
댓츠   언더스탠더블

> understandable은 [탠]을 강조해서 [언더스땐더블]의 느낌으로 발음한다.

☑ 이해가 안 됩니다.
I don't understand.
아이 돈트 언더스탠드

☐ 무슨 말을 하는지 모르겠어요.
I don't follow you.
아이 돈트 팔로   유

☐ 이해하기 어렵군요.
It's tough to figure.
잇츠 텁   투 피겨

여기서 figure는 understand의 의미로 사용되었다. figure의 f 발음은 [피]와 [휘]의 중간 발음이라는 것을 기억하자.

☐ 도무지 감이 잡히질 않습니다.
I can't get the hang of it.
아이 캔트 게러   행   어빗

여기서 hang은 '감', '요령'의 의미로 사용되었다.

☐ 무슨 말인지 전혀 모르겠어요.
You're confusing me too much.
유어   컨퓨징   미 투 마춰

☐ 당신 말씀을 이해할 수 없습니다.
I couldn't make out what you mean.
아이 쿠든트   메이카웃   왓츄   민

☐ 그걸 전혀 이해할 수가 없군요.
I can't make heads or tails of it.
아이 캔트 메이크 해즈   오어 테일즈 어빗

can't는 [캐앤] 하고 강하게 그리고 끝에 살짝 t 발음을 해준다.

Chapter 05

제안과 권유를 할 때

일단 권유를 받았다면 Thank you for asking me.(권유해 줘서 고마워요.)라고 감사의 뜻을 전하 든가, 아니면 I'm sorry.(아쉽지만.)라고 할 것입니다. 그 뒤에 이어서 but I have another appointment.(다른 약속이 있습니다.) 혹은 but I have something to do that day.(그 날은 할 일이 있습니다.)라고 말하면 됩니다.

Unit 1 무언가를 제안할 때

☑ 털어놓고 얘기합시다.

Let's have a heart to heart talk.

렛츠 해버 하투핫 토크

> heart to heart는 연음되어 [할투하(알)ㅌ] 처럼 발음된다.

☐ 이제 그만 합시다.

Let's beat it.

렛츠 비릿

> beat it은 '급히 물러가다, 도망치다'라는 뜻도 있다.

☐ 오늘은 이만 합시다.

Let's call it a day.

렛츠 콜이러 데이

> 하루 일과나 작업을 끝마칠 때 할 수 있는 말이다. call it a가 연음되어 [콜이러]로 발음된다

☐ 쉽시다.

Let's take a short rest.

렛츠 테이커 숏 레스트

☐ 숨 좀 돌리자.

Let me catch my breath.

렛 미 캐취 마이 브레쓰

> breath의 끝소리는 [쓰]와 [뜨]의 중간 발음인데 자음까지만 발음 해주고 모음 [으]는 생략한다는 기분으로 발음한다.

84

☑ 화해합시다.

Let's bury the hatchet.

렛츠　베리　더　해취트

☐ 좋으실 대로 하십시오.

It's up to you.

잇첩　투 유

> It depends on you.
> 라고 표현할 수도 있다.

☐ 시험 삼아 한번 해 봅시다.

Let's try it out.

렛츠　트롸이 이라웃

> try it out은 연음되어
> [트롸이라웃]과 [츄라이라
> 웃]의 중간으로 발음된다.

☐ 내게 좋은 생각이 있어요.

I'll tell you what.

아윌 텔 유 왓

☐ 그것을 최대한 잘 이용해 봅시다.

Let's make the best of it.

렛츠　메이크　더　베스트 어빗

☐ 그 사람 경계하는 편이 좋아요.

You'd better stay out of his way.

유드　베터　스테이 아우럽　히즈 웨이

☐ 지금 시작하는 것이 좋을 것입니다.

We might as well begin now.

위 마잇　애즈 웰　비긴　나우

☑ 테니스 치러 가시죠?

Why don't we go play tennis?

와이　돈트　위　고　플레이 테니스

☐ 괜찮다면 같이 가시죠.

You're welcome to join us, if you want.

유어　웰컴　투 조인어스　이퓨 원트

☐ 저하고 쇼핑 가실래요?

How about going shopping with me?

하우　어바웃　고잉　샤핑　위드　미

> about의 [어] 발음은 약하게 해준다. with는 [윗 ㄷ]의 느낌으로 발음한다.

☐ 커피 한 잔 드시겠어요?

Would you like a cup of coffee?

우쥬　라이크 어컵　오브 커피

☐ 창문을 열까요?

Would you like me to open the window?

우쥬　라이크 미　투 오픈　더　윈도우

☐ 내일, 저녁이나 같이 안 하시겠습니까?

May I take you to dinner tomorrow?

메아이　테이큐　투 디너　터마로우

☐ 먼저 하십시오(타십시오, 들어가십시오, 드십시오).

After you, please.

애프터 유　플리즈

☑ 좋습니다.
OK. / All right.
오케이 올 롸잇

☐ 네, 그렇게 하겠습니다.
Yes, I'd love to.
예스 아이드 러브 투

☐ 감사합니다. 그렇게 해 주세요.
Thank you. Please do.
땡큐 플리즈 두

☐ 네가 말한 대로 할게.
Anything you say.
에니씽 유 쎄이

☐ 그거 좋은 생각이군요.
That's a good idea.
댓처 굿 아이디어

☐ 그거 재미있겠는데요.
That sounds interesting.
댓 사운즈 인터레스팅

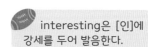
interesting은 [인]에
강세를 두어 발음한다.

☐ 그거 괜찮겠군요.
Maybe we should do it.
메이비 위 슈 두 잇

☑ 그럴 기분이 아닙니다.

I don't feel like it.

아이 돈트 필 라이킷

☐ 아니요, 그렇게 하지 맙시다.

No, we'd rather not.

노 위드 래더 낫

> not에 문장의 강세를 두고 [나아앗]처럼 말한다.

☐ 고맙지만, 됐습니다.

No, thank you.

노 땡큐

☐ 그럴 생각이 없습니다.

I'm not ready for that.

아임 낫 레디 포 댓

☐ 다음 기회로 미룰까요?

Can you give me a rain check?

캔 유 깁미 어 레인첵

> rain check은 원래 우천 교환권 (비나 다른 장애로 인해 경기가 중지될 때 관중에게 주는 다음 회의 유효표)을 의미한다. 여기서는 후일의 약속, 초대의 연기 등을 말한다. give a rain check은 '나중에 다시 초대하겠다는 약속을 하다'라는 뜻이다

Chapter 06

부탁을 할 때

무언가를 부탁할 때는 사양하지 말고 확실하게 부탁하는 것이 중요합니다. 우리는 상대방을 고려하여 망설이는 경우가 많지만, 그러한 태도는 도움이 되지 않습니다. 부탁할 때는 〈Please+명령문〉을 사용하여 말하면 간단하고 정중한 부탁의 표현이 됩니다. 또한 Could you~?나 Would you~?를 첫머리에 붙여서 사용하면 더욱 정중한 표현이 됩니다. 친구 사이라면 가볍게 Will you~?라고 하면 됩니다.

Part 3 우정한 대화를 위한 표현

Unit 1 부탁을 할 때

☑ 부탁 하나 해도 될까요?
Can I ask you a favor?
캔 아이 애스큐어 페이버

☐ 실례합니다. 부탁 하나 들어 주시겠어요?
Excuse me. Would you do me a favor?
익스큐즈 미 우쥬 두 미 어 페이버

☐ 부탁드릴 게 하나 있습니다.
I have a big favor to ask you.
아이 해버 빅 페이버 투 애스큐

> ask you는 연음되어 [애스큐]로 발음되는데 [애]를 좀 길게 늘여서 발음한다는 기분으로 말한다.

☐ 부탁 좀 드려도 될까요?
Could I ask you to do something for me?
쿠다이 애스큐 투 두 썸씽 포 미

☐ 방해가 되지 않을지 모르겠군요.
I hope I'm not in the way.
아이 호프 아임 낫 인 더 웨이

☑️ 잠시 폐를 끼쳐도 될까요?

May I bother you for a moment?

메아이　바더　　유　포러　　모먼트

☐ 제가 좀 끼어도 될까요?

May I join you?

메아이　조인　유

☐ 잠시 시간을 내 주시겠습니까?

Could you spare me a few minutes?

쿠쥬　　　스페어　미　어 퓨　미닛츠

☐ 저를 도와주실 수 있나 모르겠네요.

I wonder if you can help me.

아이 원더　이퓨　캔　헬프　미

> help는 [헤어을프]를 빨리 말한다는 느낌으로 발음한다.

☐ 잠시 폐를 끼쳐도 되겠습니까?

Could I trouble you for a minute?

쿠다이　　트러블　유　포러　미니트

✓ 좀 태워다 주시겠습니까?

Would you mind giving me a ride?

우쥬 마인드 기빙 미 어 라이드

> give me a ride 차로 바래다주다 / mind의 끝소리 [드]는 약하게 거의 소리 나지 않을 정도로 해준다.

☐ 내일 제가 차를 쓸 수 있을까요?

Can I possibly have the car tomorrow?

캔 아이 파서블리 햅더 카 터마로우

☐ 당신 것을 빌려 주시겠습니까?

Would you lend me yours, please?

우쥬 랜드 미 유어즈 플리즈

☐ 돈을 좀 빌릴 수 있을까요?

May I borrow some money?

메아이 바로우 썸 머니

> borrow는 [바로우]와 [보로우]의 중간 발음이다.

☐ 문 좀 열어 주시겠어요?

Would you mind opening the door, please?

우쥬 마인드 오프닝 더 도어 플리즈

☐ 저와 함께 가실래요?

Would you like to join me?

우쥬 라익투 조인 미

☐ 주소 좀 가르쳐 주시겠어요?

May I have your address?

메아이 해뷰어 어드레스

> address는 [어드레스]라고 발음할 때는 [레]에 강세를 두고 [애드레스]라고 발음할 때는 [애]에 강세를 두는데 미국에서는 주로 [애드레스]라고 발음한다. 그런데 이 때 [애]가 강하게 발음되기 때문에 나머지는 약하게 발음되어 [애드러스]와 비슷한 발음이 난다.

☑ 가능한 한 빨리 저에게 알려 주시겠습니까?

Would you let me know as soon as possible?

우쥬　　　　렛 미 노우　애즈 쑨　　애즈 파서블

> as soon as에서는 soon을 강하게 발음해서 [애ㅈ쑤운애즈]처럼 발음된다.

☐ 잠깐 제 대신 좀 해 주시겠어요?

Can you take my place for a while?

캔　유　테이크 마이 플레이스 포러　와일

☐ 그분이 어떤 분인지 말해 주시겠어요?

Can you tell me what he is like?

캔　유　텔 미 왓　히 이즈 라이크

☐ 제 곁에 있어주세요.

Stick with me, please.

스틱　위드　미　플리즈

☐ 기회를 주세요(잠시만요).

Give me a break.

깁미　　　어 브레이크

> break는 구어로 '기회'를 뜻한다.

☐ 내일은 쉬고 싶습니다.

I would like to vacate tomorrow.

아이 우드　라익투　베이케이트 터마로우

☐ 혼자 있게 해 주세요(제발 좀 내버려 두세요).

Please leave me alone.

플리즈　리브　미　얼론

Unit **3** 부탁을 들어줄 때

☑ 물론이죠.
Sure.
슈어

☐ 기꺼이 그러죠.
I'd be glad to.
아이드 비 글래드 투

☐ 네, 그러지요.
Yes, certainly.
에스 써튼리

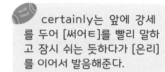
certainly는 앞에 강세를 두어 [써어트]를 빨리 말하고 잠시 쉬는 듯하다가 [은리]를 이어서 발음해준다.

☐ 기꺼이 하겠습니다.
I'll do my best for you.
아윌 두 마이 베스트 포 유

☐ 그렇게 하세요.
Go ahead.
고 어헤드

☐ 뭐, 그 정도쯤이야(별 것 아닙니다).
It's no big deal.
잇츠 노 빅 딜

deal은 [디이얼]처럼 발음한다.

☐ 그렇게 하세요. (서슴지 않고 부탁을 들어줄 때)
Be my guest.
비 마이 게스트

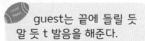
guest는 끝에 들릴 듯 말 듯 t 발음을 해준다.

☑ 안 되겠는데요.
I'd rather not.
아이드 래더   낫

☐ 미안하지만, 지금은 안 되겠는데요.
I'm sorry, but I can't now.
아임 쏘리   버라이 캔트   나우

☐ 미안하지만, 그렇게는 안 되겠는데요.
I'm sorry, but I can't do it.
아임 쏘리   버라이 캔트   두   잇

☐ 그건 무리한 요구입니다.
It's a difficult task.
잇쳐   디피컬트   테스크

☐ 시간이 필요합니다.
It takes time.
잇 테익스   타임

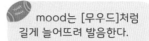

☑ 어쩐지 할 기분이 아니군요.

I'm not in the mood.

아임 낫 인 더 무드

> mood는 [무우드]처럼 길게 늘어뜨려 발음한다.

☐ 글쎄요, 아직 그럴 준비가 되지 않았습니다.

Well, I'm not prepared for that.

웰 아임 낫 프리페어드 포 댓

☐ 다음 기회에 꼭 할 거예요.

Give me a rain check, please.

깁미 어 레인첵 플리즈

> right away가 연음되어 [라이러웨이]로 발음된다.

☐ 금방은 무리라고 생각합니다.

I'm afraid I can't make it right away.

아임 어프레이드 아이 캔트 메이킷 라이러웨이

☐ 글쎄요, 다음 기회에.

Well, maybe some other time.

웰 메이비 썸 아더 타임

Chapter 07

대화를 시도할 때

대화를 자연스럽게 시작하기 위해서는 공통의 화제로 상대의 주의를 끌도록 합니다. Nice day, isn't it?(날씨가 좋죠, 그렇죠?)처럼 날씨부터 시작 하는 것이 가장 무난합니다. 다른 사람에게 말을 걸 때는 Excuse me, but ~이라고 표현하는 것이 가장 일반적입니다. 또한 상대 와 대화를 원할 때는 상대의 사정을 살피며 Do you have some time?(시간 좀 있으세요?)라고 하면 됩니다.

Unit 1 말을 걸 때

☑ 이야기 좀 할 수 있을까요?

Can I have a word with you?

캔　　아이 해버　　워드　　위쥬

> ~word는 [워(얼)드]라고 말하는 느낌으로 발음한다

☐ 말씀드릴 게 좀 있습니다.

I need tell you something.

아이 니드 텔 유 썸씽

☐ 드릴 말씀이 있는데요.

I tell you what.

아이 텔 유 왓

☐ 잠깐 이야기를 나누고 싶은데요.

I'd like to have a word with you.

아이드 라익투 해버 워드 위쥬

☐ 당신에게 할 이야기가 좀 있습니다.

I have something to tell you.

아이 해브 썸씽 투 텔 유

> something은 [썸씽]과 [썸띵]의 중간 발음이다.

☑ 잠깐 이야기 좀 할까요?

Do you have a second?

두 유 해버 세컨드

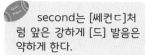
second는 [쎄컨ㄷ]처럼 앞은 강하게 [드] 발음은 약하게 한다.

☐ 할 이야기가 좀 있습니다.

I want to speak to you for a moment.

아이 원투 스픽투 유 포러 모먼트

☐ 잠시만 이야기하면 됩니다.

I'll tell it to you fast.

아윌 텔. 잇 투 유 패스트

fast는 [프해스ㅌ]의 느낌으로 마지막 자음 t는 살짝 해준다

☐ 잠깐 시간 좀 내 주시겠어요?

Do you have a few minutes to spare?

두 유 해버 퓨 미닛츠 투 스패어

☐ 잠시 이야기 좀 할 수 있을까요?

Can I talk to you for a minute?

캔 아이 톡투 유 포러 미니트

☐ 말씀 중에 잠깐 실례를 해도 될까요?

May I interrupt you?

메아이 인터럽츄

☐ 말씀 도중에 죄송합니다만….

Sorry to interrupt, but….

쏘리 투 인터럽 벗

☑ 무슨 이야기를 하고 싶으세요?

What do you have on your mind?

왓   두 유   해브   온 유어   마인드

☐ 제가 도와드릴 게 있나요?

Is there anything I can do for you?

이즈 데어   에니씽   아이 캔 두 포 유

☐ 나한테 뭔가 이야기하고 싶으세요?

Do you want to talk to me about anything?

두 유   원투   톡투   미   어바웃   에니씽

☐ 무슨 말을 하고 싶으신 거죠?

What would you like to say?

왓   우쥬   라익투   쎄이

> 문장의 강세는 do에 두고 말한다. want to는 [원투] 또는 [워너]로 발음된다. about anything은 빨리 발음하면 연음되어 [어바- 레니씽]처럼 발음된다.

☐ 무엇을 도와드릴까요?

Can I help you?

캔   아이 헬퓨

☐ 난처하신 것 같은데, 제가 할 수 있는 일이 있습니까?

You look lost. Can I help you?

유   룩   로스트 캔   아이 헬퓨

> help you는 [헬쀼] 처럼 발음되기도 한다.

Unit **3** 모르는 사람에게 말을 걸 때

☑ 여기는 처음이십니까?
Are you new here?
아유　　　뉴　　히어

> I'm a stranger. 초행입니다.

☐ 이 자리에 누구 있습니까?
Is this seat taken?
이즈 디스 씨트　테이큰

> seat은 [씨잇트]처럼 길게 발음한다. taken은 [테이큰]과 [테이컨]의 중간으로 발음한다.

☐ 멀리 가십니까?
Are you going far?
아유　　　고잉　　파

> far는 [ㅍ화아아] 정도의 발음으로 윗니와 아랫입술 사이로 공기가 새어나가게 하면서 발음한다.

☐ 신문 보시겠습니까?
Would you like to see the paper?
우쥬　　　　라익투　씨　더　페이퍼

☐ 경치가 멋지죠, 그렇죠?
What a nice view, isn't it?
와러　　나이스 뷰　　이즌닛

> view는 [비유유우]처럼 길게 발음한다.

☐ 시원해서 기분이 좋죠, 그렇죠?
It's nice and cool, isn't it?
잇츠 나이스 앤　쿨　　이즌닛

☐ 영어로 말할 줄 아세요?
Do you speak English?
두　유　스피크　잉글리쉬

Part 3 유창한 대화를 위한 표현

Chapter 08

대화의 연결과 진행

잠깐 말이 막히거나 생각을 하면서 말하거나 할 때의 연결 표현은 상대의 기분을 거슬리지 않기 위해서도 매우 중요하고, 회화에서 가장 기본적인 기술의 하나라고 할 수 있습니다. Well, ~은 대화에서 침묵을 피할 때 적절하게 쓸 수 있는 표현입니다. 이건 Wait a minute. ~(잠시 기다려 주십시오. ~)에 해당하는 대화의 연결 표현이므로 자연스럽게 말하면서 다음 말을 생각하도록 합시다.

Unit 1 말을 재촉할 때

☑ 빨리 말씀하세요.
Tell me quickly.
텔 미 퀵클리

☐ 제발 말해 주세요.
Tell me at once.
텔 미 앳 원스

☐ 할말이 있으면 하세요.
Say what's on your mind.
쎄이 왓촌 유어 마인드

☐ 이유를 말해 보세요.
Tell me why.
텔 미 와이

☐ 그래서 당신은 뭐라고 했습니까?
And what did you say?
앤 왓 디쥬 쎄이

☑ 간단히 말해!

Cut it short!

커릿 숏

☐ 본론을 말씀하세요.

Just tell me your point.

저스트 텔 미 유어 포인트

☐ 바로 요점을 말하세요.

Get right down to business.

겟 롸잇 다운 투 비즈니스

> business의 [즈]는 약하게 발음되어 [비저니스]처럼 발음된다.

☐ 요점을 말씀드리자면….

Coming to the point….

커밍 투 더 포인트

Part 3 유창한 대화를 위한 표현

☑ 화제를 바꿉시다.
Let's change the subject.
렛츠   체인쥐   더   서브젝트

□ 뭔가 다른 이야기를 합시다.
Let's talk about something else.
렛츠   토커바우트   썸씽   엘스

> talk about은 연음되면 [토커바우트]으로 발음된다.

□ 화제를 바꾸지 마세요.
Don't change the subject.
돈트   체인쥐   더   서브젝트

□ 그런데, ….
By the way, ….
바이 더   웨이

□ 그건 다른 이야기잖아요.
That's another question.
댓츠   어나더   퀘스쳔

□ 제가 한 말을 취소하겠습니다.
I'll take back my words.
아윌 테이크 백   마이 워즈

☑ 음…. (뭐랄까?)

Well…. / Let me see.
웰   렛 미   씨

☐ 글쎄, 제 말은….

Well, what I mean….
웰   와라이   민

☐ 실은, ….

matter of는 [매러럽]처럼 발음 되기도 한다. fact는 [푸ㅔ핵트]를 빨리 말하는 기분으로 발음하고 [트]는 가볍게 발음해준다.

As a matter of fact, ….
애저   매러럽   팩트

☐ 그걸 어떻게 말해야 될까요?

How can I say it?
하우   캔   아이 쎄이 잇

☐ 제가 어디까지 말했죠?

Where was I?
웨어   워즈   아이

☐ 우리가 어디까지 이야기했죠?

Where were we?
웨어   워   위

☐ 있잖아요, ….

I tell you what, ….
아이 텔 유   왓

☑ 있잖아요(알다시피), ….
You know, ….
유　　　노우

☐ 음, 그걸 어떻게 말해야 될까요?
Well, how should I say it?
웰　　　하우　　슈다이　　　쎄이 잇

☐ 뭐라고 말할까?
What shall I say?
왓　　　쉘　　　아이 쎄이

> going to는 [고잉 투],
> [고인 투] 또는 연음되어
> [거나]로 발음되기도 한다

☐ 뭐라고 했지? 그래, 맞아….
What was I going to say? Ah, yes….
왓　　　워즈　 아이 고잉　　투 쎄이　　아　　　예스

☐ 뭐라고 말하면 좋을까?
What's the word I want?
왓츠　　　　 더　　워드　　　아이 원트

> want는 발음 끝에 약하
> 게 t 발음을 이어서 해준다

☐ 무슨 말을 하려고 했지?
What was I saying?
왓　　　워즈　 아이 쎄잉

☐ 맞아, 이래요.
It's like this, you see.
잇츠　라이크 디스　　유 씨

☑ 생각 좀 해보고요.
Let me think.
렛 미 씽크

> think는 [씽]과 [띵]의 중간발음인데 끝에 [ㅋ] 발음을 가볍게 이어서 해준다.

☐ 확실하지 않지만, ~이라고 생각합니다.
I don't know exactly, but I suppose ~.
아이 돈트 노우 이그잭틀리 버라이 써포우즈

☐ 제 기억이 옳다면, ….
If I remember correctly, ….
이퐈이 리멤버 커렉틀리

> ~remember는 [뤼멤버]처럼 살짝 굴려주듯 발음한다. correctly는 [렉]에 강세를 두고 [커레엑]까지 발음한 후 잠시 멈추는 듯하다가 연이어 [을리]를 발음하는 느낌으로 말해준다.

☐ 음, 잘 기억나지 않지만, ….
Well, I don't remember exactly, ….
웰 아이 돈트 리멤버 이그잭틀리

☐ 말하자면, ….
I would say, ….
아이 우드 쎄이

> would는 [우(워)드]의 느낌으로 발음하기도 하고 약하게 또는 빠르게 발음할 때는 거의 [어드]처럼 발음하고 지나가기도 한다.

☐ 분명하지 않지만, ….
I'm not sure, ….
아임 낫 슈어

☐ 굳이 말한다면, ….
If I really had to give an answer, ….
이퐈이 리얼리 해드 투 기번 앤서

Chapter 09

주의와 충고를 할 때

조언과 충고를 할 때 쓰이는 had better는 명령이나 강제에 가까운 표현이므로 손윗사람에게는 쓰지 않는 것이 좋습니다. 따라서 '~하는 게 좋습니다'에 해당하는 should나 ought to를 사용하는 것이 일반적입니다. You might as well(~하는 편이 낫다)은 좀 더 완곡한 표현입니다. I don't think you ought to는 '~하지 않는 게 좋겠어요'의 의미를 나타낼 때 쓰이는 자연스런 표현입니다.

Unit 1 주의를 줄 때

☑ 그러면 안 돼요.
That's not nice.
댓츠　낫　나이스

☐ 이러시면 안 되는데요.
You shouldn't do this.
유　슈든트　두　디스

☐ 개의치 마십시오.
Please don't bother.
플리즈　돈트　바더

☐ 쓸데없는 짓 말아요(귀찮게 하지 마세요).
Don't ask for trouble.
돈트　애슥포　트러벌

trouble은 [트러벌]과 [츄라벌]의 중간으로 발음해준다.

☐ 나쁜 친구들을 사귀지 마라.
Don't get into bad company.
돈트　겟　인투　배드　컴퍼니

company는 앞에 강세를 두고 [컴프니] 처럼 발음한다.

☑ 그에게 너무 심하게 대하지 말아요.

Don't be too hard on him.

돈트　　비 투　 하드　 온　 힘

> bag는 [애]를 강하게 [배애그]처럼 발음해준다.

☐ 비밀을 누설하지 마세요.

Don't let the cat out of the bag.

돈트　　렛　 더　 캣　 아우럽　 더　 백

☐ 이제 싸움을 그만 하지요.

Let's smoke a peace-pipe.

렛츠　　스모커　　　피스 파이프

> peace는 [피-스]처럼 길게 발음해준다.

☐ 그것을 중지하도록 하세요.

You'd better put a stop to it.

유드　　베터　　푸러　　스탑　 투　 잇

☐ 그 사람과 사귀지 마세요.

Don't associate with him.

돈트　　어쏘쉬에이트　　위드　　힘

☐ 오해하지는 마세요.

Don't get me wrong.

돈트　　겟　 미　 롱

> wrong은 [(우)뤄이]을 빨리 발음하는 느낌으로 해준다.

☐ 일부러 그런 짓은 하지 마세요.

Don't go and do a thing like that.

돈트　　고　 앤　 두　 어 씽　　라이크 댓

107

☑ 나한테 쓸데없는 칭찬을 하지 마세요.
No soft soap for me.
노 　소프트 쏩 　　포 　미

voice는 [부워이스]를 자연스럽게 이어 말한다는 느낌으로 발음한다.

☐ 제발 언성을 높이지 마십시오.
Don't raise your voice, please.
돈트 　레이즈 유어 　　보이스 　　플리즈

☐ 너무 굽실거리지 마세요.
Don't sing small.
돈트 　씽 　스몰

money는 [머니]와 [마니]의 중간으로 발음한다.

☐ 돈을 낭비하고 다니지 마라!
Don't throw your money around!
돈트 　쓰로 　유어 　　머니 　　어라운드

☐ 주의하는 것이 좋겠어요!
Better watch out!
베터 　　왓치 　　아웃

what he가 연음되면 [와리]처럼 발음된다. value는 [부앨류]를 자연스럽게 이어 발음하는 기분으로 발음한다.

☐ 그의 말을 액면 그대로 받아들이지 마세요!
Don't take what he says at face value!
돈트 　테이크 왓 　히 　쎄즈 　앳 페이스 밸류

☐ 잊지 말고 기억하세요(명심하세요).
Keep that in mind.
킵댓린 　　　마인드

☑ 나를 실망시키지 마세요.

Don't let me down.

돈트 　렛미 　　다운

☐ 자존심을 버리세요.

Pocket your pride.

파킷 　　유어 　프라이드

☐ 선수를 치세요.

Catch the ball before the bound.

캣취 　　더 　볼 　비포 　　더 바운드

☐ 너는 진지해야 한다.

You should keep a straight face.

유 　슈드 　킵퍼 　　스트레이트 　페이스

☐ 여론에 귀를 기울이세요.

Hold your ear to the ground.

홀드 　유어 　이어 　투 더 　그라운드

> hold your는 연음되면 [홀쥬어]처럼 발음된다. ground의 d 발음은 약하게 해준다.

☐ 그걸 너무 심각하게 받아들이지 마세요.

Don't take it to heart.

돈트 　테이킷 　투 하트

☐ 최선을 다해라.

Be all you can be.

비 　올 유 　캔 　비

> all은 [어올]처럼 길게 발음한다. Do your best. 라고 표현할 수도 있다.

☑ 말보다는 행동이 중요해요.

Action speaks louder than words.

액션　　　스픽스　　　라우더　　댄　　워즈

☐ 당신은 그 생각을 버려야 해요.

You must give up the idea.

유　　머스트　기법　　　디　　아이디어

☐ 당신은 그것을 잘 이용해야 해요.

You should take advantage of it.

유　　슈드　　테이크　애드밴티쥐　　어빗

advantage는 [밴]을 강하고 길게 발음한다

☐ 격식 따위는 따지지 마세요.

Don't stand on ceremony.

돈트　　스탠돈　　　쎄러모니

ceremony는 [쎄]에 강세를 두고 발음한다.

☐ 쉬는 게 좋지 않겠어요?

Why don't you stay in bed?

와이　돈츄　　　　스테이 인 배드

☐ 남이야 뭘 하던 상관 않는 것이 좋을 겁니다.

Don't poke your nose into my business.

돈트　　포큐어　　　노즈　　인투　마이 비즈니스

business는 [비]에 강세를 두고 [비저니스]처럼 발음한다. poke your가 연음 되어 [포큐어]로 발음된다.

☐ 규칙대로 하는 것이 좋을 겁니다.

You'd better go by the book.

유드　　베터　　고　바이 더　북

book은 끝에 살짝 [ㅋ] 발음을 더 해준다는 느낌으로 발음한다.

110

PART

4

거리낌없는 감정 표현

미국인은 대화를 할 때 사람의 감정을 자연스럽게 눈짓이나 몸짓, 웃음 등으로 나타내는 것이 통례이고, 감정의 표현을 얼굴에 나타내는 것을 좋은 자질로 봅니다. 따라서 미국인들은 평범한 대화 시에나 인사를 할 때, 또 모르는 사람을 지나치거나 눈이 마주칠 때도 미소를 잘 띕니다. 미소를 짓는다고 자신에게 특별한 호감을 가졌다고 생각하거나 자신의 요구가 수락되었다고 생각해서는 안 됩니다. 그들에게 타인을 향한 미소는 단지 하나의 습관이기 때문입니다.

Chapter 01

희로애락을 나타낼 때

기쁨을 표현할 경우에는 Oh, that's beautiful! (와, 아름답군요!), That's wonderful!(멋지군요!) 등으로 말합니다. 우리말에서는 직접적으로 기쁨이나 즐거움을 표현하지 않지만, 영어에서는 I'm so pleased.(나는 정말 기쁘다.) 등처럼 분명하게 자신의 감정을 상대방에게 전달해야 합니다.

Unit 1 기쁠 때

☑ 나는 무척 기뻐요!
I'm very happy!
아임 베리 해피

☐ 몹시 기뻐.
I'm overjoyed.
아임 오버조이드

☐ 기뻐서 펄쩍 뛸 것 같아.
I'm about ready to jump out my skin.
아임 어바웃 레디 투 점파웃 마이 스킨

☐ 기뻐서 날아갈 것 같았어요.
I jumped for joy.
아이 점프트 포 조이

> jump out은 연음 되어 [점파웃]처럼 발음된다.

☐ 제 생애에 이보다 더 기쁜 적이 없었어요.
I've never been happier in my life.
아이브 네버 빈 해피어 인 마이 라이프

> life는 [라잎]하고 발음해 준 후 소리 안 나게 [흐]를 발음해준다는 기분으로 발음한다.

☑ 날아갈 듯 해.
I'm flying.
아임 플라잉

☐ 기분 끝내주는군!
What a great feeling!
와러 그레이트 필링

☐ 너무 기뻐서 말이 안 나와요.
I'm so happy, I don't know what to say.
아임 쏘 해피 아이 돈트 노우 왓 투 쎄이

☐ 제 아들이 성공해서 무척 기뻐요.
I'm very pleased with my son's success.
아임 베리 플리즈드 위드 마이 선즈 석쎄스

☐ 더 이상 기쁠 수 없을 거야.
I couldn't be happier with it.
아이 쿠든트 비 해피어 위딧

 success는 [쎄]를 강하게 발음해준다.

☑ 즐거워요.
I'm having fun.
아임 해빙 펀

☐ 정말 즐거워요!
What a lark!
와 러 락

> lark는 [라아(알)ㅋ]
> 의 느낌으로 발음한다.

☐ 좋아서 미치겠어요.
I'm tickled pink.
아임 티클드 핑크

☐ 오! 정말 기분이 좋군!
Oh! How glad I am!
오 하우 글래드 아이 엠

☐ 콧노래라도 부르고 싶은 기분입니다.
I feel like humming.
아이 필 라이크 허밍

> completely는 첫 번
> 째 [리]에 강세를 두고 [컴
> 플리트]까지 발음하고 잠시
> 멈추는 듯하다가 [을리]를
> 이어서 말하듯 발음한다.

☐ 난 정말로 만족스러워.
I'm completely contented.
아임 컴플리트리 컨텐티드

☐ 마음이 아주 편안해요.
My mind is completely at ease.
마이 마인드 이즈 컴플리트리 앳 이즈

> at ease는 연음되어
> [애리이즈]처럼 발음된다.

☑ 그 소식을 들으니 정말 기쁩니다.
I'm glad to hear that.
아임 글래드 투 히어 댓

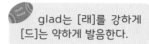
glad는 [래]를 강하게
[드]는 약하게 발음한다.

☐ 대단한 소식이야!
What wonderful news!
왓 원더풀 뉴스

☐ 듣던 중 반가운데요.
That's nice to hear.
댓츠 나이스 투 히어

☐ 그거 반가운 소식이군요.
That's good news.
댓츠 굿 뉴스

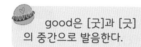
good은 [굿]과 [긋]
의 중간으로 발음한다.

☐ 만세!
Hurrah!
허라

☐ 브라보!
Bravo!
브라보

☑ 내게 말하지 마.
Don't talk to me.
돈트　　톡투　　　미

talk는 [톡]과 [턱]의
중간으로 발음한다.

☐ 당신 때문에 미치겠어요.
You drive me crazy.
유　　드라이브 미　　크레이지

drive는 [드롸이브]와 [쥬라이
브]의 중간으로 발음한다

☐ 더 이상은 못 참겠어요(됐습니다).
Enough is enough.
이넙피즈　　　　이넙

☐ 미치겠어요.
I'm going crazy.
아임　고잉　　　크레이지

crazy는 [크뤠이지]처럼
발음한다.

☐ 너무 화가 나서 터질 것만 같아.
I'm so angry I could blow.
아임 쏘　앵그리　아이 쿠드　브로우

angry는 [앵]을
강조해서 발음한다

☐ 참는 것도 한도가 있어요.
My patience is worn out.
마이 페이션스　　　이즈 원　　　아웃

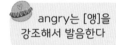
worn out 녹초가 되다, 지
치다 / worn은 [우워얼은]을 빨
리 발음하는 느낌으로 발음한다.

☐ 그 사람을 볼 때마다 열 받아요.
I get fired up everytime I see him.
아이 겟 파이어덥　　　에브리타임　　　아이 씨　힘

☑ 화났어요?

Are you angry?
아유   앵그리

☐ 아직도 화나 있어요?

Are you still angry?
아유   스틸 앵그리

with me는 [윗ㄷ미] 처럼 발음한다.

☐ 그래서 나한테 화가 났어요?

Are you angry with me on that score?
아유   앵그리 위드 미 온 댓   스코어

☐ 뭐 때문에 그렇게 씩씩거리니?

What's got you all in a huff?
왓츠   갓츄   올 이너 헙

huff는 [헙]이라 소리를 낸 후 소리 나지 않게 [후]라고 연이어 말해 주는 기분으로 발음한다

☐ 왜 그런지 모르겠어요.

I don't know why.
아 돈트   노우   와이

☐ 그는 몹시 화가 나 있어요.

He's on the warpath.
히즈   온 디 워패쓰

☑ 진정하세요!
Calm down!
캄 다운

> calm의 l은 소리가 나지 않는다. Don't get excited!, Cool it!으로 표현할 수도 있다.

☐ 화 내지 마세요.
Please don't get angry.
플리즈 돈트 겟 앵그리

☐ 흥분을 가라앉혀.
Simmer down.
씨머 다운

☐ 이성을 잃으면 안 돼.
Don't lose your temper.
돈트 루즈 유어 템퍼

☐ 나한테 화내지 마라.
Don't take it out on me.
돈트 테이키라웃 온 미

> take it out은 연음되어 [테이키라웃]처럼 발음된다.

☐ 이런 일에 화낼 필요 없어.
Don't get so uptight about this.
돈트 겟 쏘 업타이트 어바웃 디스

☐ 너무 화내지 마.
Don't get so upset.
돈트 겟 쏘 업셋

☑ 아, 슬퍼요!

Alas!

얼래스

☐ 어머 가엾어라!

What a pity!

와러   피티

☐ 어머, 가엾어라!

Oh, poor thing!

오   푸어   씽

☐ 영화가 너무 슬퍼요.

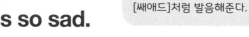

sad는 모음 [애]를 길게 [쌔애드]처럼 발음해준다.

The movie is so sad.

더   무비이즈   쏘   새드

☐ 슬퍼서 울고 싶은 심정이에요.

I'm so sad I could cry.

아임 쏘   새드   아이 쿠드   크라이

world는 [우월얼드]처럼 발음하여 r과 l을 둘 다 발음해준다.

☐ 세상이 꼭 끝나는 것 같아.

I feel like the world is coming to an end.

아이 필 라익더   워드   이즈 커밍   투 언 엔드

☐ 울고 싶어요.

I feel like crying.

아이 필 라이크 크라잉

☑ 저는 우울해요.
I'm depressed.
아임 디프레스트

☐ 저는 희망이 없어요.
I'm hopeless.
아임 호프리스

☐ 아무것도 하고 싶은 생각이 없어요.
I don't feel like doing anything.
아이 돈트 필 라이크 두잉 에니씽

☐ 저는 지금 절망적인 상태예요.
I'm in a no-win situation now.
아이미너 노 윈 씨츄에이션 나우

> I'm in a가 연음되어 [아이미너]로 발음된다.

☐ 저를 우울하게 만들지 마세요.
Don't let it make my brown eyes blue.
돈트 레릿 메이크 마이 브라운 아이즈 블루

> brown은 [브라운]처럼 발음한다.

☐ 저는 비참해요.
I feel miserable.
아이 필 미저러블

> miserable은 [미]에 강세를 두어 발음하고 [블]은 거의 [벌]에 가깝게 가볍게 발음해준다.

☑ 내가 당신 옆에서 돌봐 줄게요.

I'll stick by you.

아윌 스틱   바이 유

☐ 너무 우울해하지 마.

Don't get too down.

돈트   겟   투   다운

☐ 기운 내.

Cheer up.

치어럽

☐ 너는 이겨낼 거야.

You'll get through this.

유윌   겟   쓰루   디스

through는 [쓰루]와 [뜨루]의 중간 발음이다.

☐ 슬픔에 굴복해서는 안 돼요.

Don't give way to grief.

돈트   깁웨이   투   그리프

grief는 [그뤼프]처럼 발음한 끝에 공기 새는 소리만 날 정도로 [흐]의 입모양을 내주는 느낌으로 발음한다.

☐ 잠을 자고 슬픔을 잊어버리세요.

Sleep off your sorrow.

슬립   오퓨어   싸로우

sorrow는 [싸로우]와 [쏘로우]의 중간으로 발음한다

☐ 어떻게 견디고 계세요?

How are you holding up?

하우 아유 홀딩 업

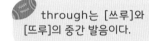

Part 4 거리낌 없는 감정 표현

121

Chapter 02

놀라움과 무서움을 나타낼 때

놀라움과 무서운 마음을 표현할 때는 어설프게 흉내를 내는 것보다 자연스럽게 표현하는 게 좋습니다. 흔히 영화 등을 통해서 미국인들이 놀라거나 일을 망쳤을 때 Oh, my God!이라고 합니다. 또한, surprise, astonish, startle, shock, scare, frighten 등의 동사는 모두 '(상대를) 놀라게 하다'의 뜻을 가진 타동사이므로 자신이 놀랐을 때는 be surprised, be astonished 등처럼 수동태로 표현합니다.

Unit 1 놀랐을 때

☑ 하느님 맙소사!
My goodness!
마이 굿니스

□ 말도 안 돼!
No way!
노 웨이

> No way는 no와 way를 둘 다 강하게 힘주어 발음한다.

□ 어머나!
Good God!
굿 갓

□ 놀랍군요!
How surprising!
하우 써프라이징

> surprising은 [라이]에 강세를 두고 [써프라이징] 처럼 발음한다.

□ 아이, 깜짝 놀랐잖아.
Oh, I'm surprised.
오 아임 써프라이즈드

☑ 놀라워!
What a surprise!
와러   써프라이즈

☐ 믿을 수 없어.
I don't believe it.
아이 돈트   빌리빗

> believe는 [리]를 강하고 길게 발음하여 [블리이브]처럼 발음하는데 여기서는 it과 연음 되어 [블리빗]처럼 발음된다.

☐ 굉장한데!
That's awesome!
댓츠   오우썸

☐ 정말 충격이야.
It was a total shock.
잇 워저   토털   샤크

> total은 [토들]과 [토 럴]의 중간으로 발음한다. shock은 [샤크]의 느낌으로 발음한다.

☐ 이거 큰일 났군!
We really are in trouble!
위   리얼리   아   인   트러블

> trouble은 [트라블]과 [츄러블]의 중간으로 발음 한다.

☐ 너 때문에 놀랐잖아.
You startled me.
유   스타틀드   미

☐ 내 눈을 믿을 수가 없어.
I couldn't believe my eyes.
아이 쿠든트   빌리브   마이 아이즈

☑ 정말?
Really?
리얼리

☐ 믿을 수 없어!
That's incredible!
댓츠   인크레더블

> incredible은 [인크뤠더 벌]처럼 소리나도록 [뤠]를 강하게 hle는 약하게 발음한다.

☐ 설마! 믿을 수 없어.
No! I can't believe it.
노   아이 캔트   빌리브   잇

☐ 농담하시는 건가요?
Are you kidding?
아유   키딩

☐ 진심인가요?
Are you serious?
아유   씨리어스

☐ 그것은 금시초문인데요.
That news to me.
댓   뉴스   투 미

NEW YORK

Unit **3** 무서울 때

☑ 무서워요.
I'm scared.
아임 스케어드

□ 그 생각만 하면 무서워요.
I dread the thought of that.
아이 드레드 더　쏘러브　댓

> thought of는 연음되
> 면 [쏘러브]처럼 발음된다.

□ 등골에 땀이 나요.
I have perspiration on my back.
아이 해버 퍼스퍼레이션　온　마이 백

> perspiration
> 은 [레이]에 강세
> 를 두고 발음한다

□ 간 떨어질 뻔했어요.
I almost dropped a load.
아이 올모스트 드랍티더　로드

> dropped a가 연음되
> 어 [드랍터]와 [드랍더]의
> 중간으로 발음된다.된다.

□ 그것 때문에 소름이 끼쳤어요.
That gave me the creeps.
댓　게이브 미　더　크립스

> bumps는 [범프스] 처
> 럼 p 발음을 약하게 해준다.

□ 내 팔에 소름 끼치는 것 좀 보세요.
Look at these goose bumps on my arms.
룩앳　디즈　구스　범프슨　마이 암즈

□ 난 무서워서 아무것도 할 수가 없었어.
I was too scared to do anything.
아이 워즈 투　스케어드　투 두　에니씽

☑ 놀랐니?

Are you surprised?

아유　　　써프라이즈드

☐ 진정해.

Calm down.

캄　　　다운

☐ 놀라지 마세요.

Don't alarm yourself.

돈트　　얼람　　유어셀프

alarm은 [람]에 강세를 두고 길게 발음한다.

☐ 전혀 놀랄 것 없어요.

There's no cause for alarm.

데어즈　　노　코우즈　포　얼람

☐ 놀랄 것까지는 없어요.

This is hardly a matter for surprise.

디씨즈　　하드리　어 매터　　포　써프라이즈

☐ 앉아서 긴장을 푸는 게 좋겠어요.

relax는 [륄렉스]처럼 발음한다.

You'd better go sit down and relax.

유드　　베터　　고　씻 다운　　앤　　릴렉스

☐ 숨을 깊이 들이쉬세요.

Take a deep breath.

테이커　　딥　　브레쓰

breath는 [브레쓰]의 느낌으로 혀를 윗니 아랫니 사이 위치에 두고 바람 빠지는 소리를 내는 것으로 마무리 한다.

☑ 여러분, 침착하세요. 놀랄 거 없어요.

Relax, everyone. There's no cause for alarm.

릴렉스 　 에브리원 　 데어즈 　 노 　 코우즈 　 포 　 얼람

☐ 무서워하지 마세요.

relax는 [륄렉스]처럼 발음한다.

Don't be scared.

돈트 　 비 　 스케어드

☐ 진정하세요.

Put your mind at ease about that.

풋츄어 　 마인드 　 앳 　 이즈 　 어바웃 　 댓

☐ 두려워하지 마세요!

Never fear!

네버 　 피어

Chapter 03 근심과 격려를 나타낼 때

위로하는 방법에도 여러 가지가 있습니다. 상대방이 I'm so sad.
(슬퍼요.)라고 말하면, I know things will work out.(반드시
잘 될 거예요.)라고 격려합니다. 상대에게 용기를 북돋아줄 수 있는
That's too much. (큰일이군요.) / That's terrible.(심하네요.)
/ What a pity!(유감이군요.) 등도 많이 쓰이는 표현입니다.

Unit 1 걱정을 물을 때

☑ 무슨 일이야?

What's the problem?

왓츠 　 더 　 프라블럼

□ 무엇 때문에 괴로워하고 있는 거야(고민거리가 뭡니까)?

What's bothering you?

왓츠 　 바더링 　 유

□ 걱정되는 일이라도 있으세요?

Do you have something on your mind?

두 　 유 　 해브 　 썸씽 　 온 　 유어 　 마인드

□ 무슨 일로 걱정하세요?

What's your worry?

왓츠 　 유어 　 워리

□ 집에 무슨 일이 있으세요?

Do you have any trouble at home?

두 　 유 　 햅에니 　 트러블 　 앳 홈

☑ 뭘 그리 초조해하고 있니?
What are you fretting over?
워라유　　　　　　　　프레팅　　　오버

> fretting은 [프레팅]과 [후레팅]의 중간으로 발음한다.

☐ 무슨 일이세요?
What's wrong?
왓츠　　　　　　롱

> wrong은 [우] 발음을 속으로 하고 있다가 [뤄ㅇ] 하고 소리를 내며 발음한다

☐ 안색이 형편없군요.
You look terrible.
유　　룩　　테러벌

> terrible은 [테러벌]과 [테러블]의 중간으로 발음한다.

☐ 왜 그러세요? 몸이 편찮으세요?
What's the matter? Don't you feel well?
왓츠　　　더　매터　　　　돈츄　　　　　필　웰

☐ 피곤해 보이는데 웬일인가요?
How come you look so tired?
하우　컴　　　유　룩　　쏘　타이어드

☐ 오늘 기분이 언짢아 보이네요.
You look under the weather today.
유　룩　　언더　　디　웨더　　　투데이

☐ 우울해 보이네요.
You look down.
유　룩　　다운

Part 4 거리낌 없는 감정 표현

129

☑ 걱정하지 마세요.
Don't worry.
돈트　　워리

☐ 좋아질 거예요.
There are sunny days ahead.
데어라　　　써니　　데이즈　어헤드

☐ 그런 걱정은 잊어버리세요.
Put such worries out of your head.
풋　써취　워리즈　　아우럽　유어　헤드

☐ 긍정적으로 생각하세요.
Be positive.
비　파저티브

☐ 그것은 문제없어요.
That's easy.
댓츠　　　이지

> easy는 [이]에 강세를 두고 [지] 소리는 입천장을 간질인다는 느낌으로 울리면서 발음한다.

☐ 물론, 확실합니다.
Sure, I'm sure.
슈어　　아임 슈어

☐ 자, 걱정할 것 없어요.
Well, never mind.
웰　　네버　　마인드

☑ 부담스럽게 생각하지 마세요.

Think nothing of it.

씽크　낫씽　어뷋

Don't worry about it.이 라고도 표현한다

☐ 낙담하지 말아요.

Never say die.

네버　쎄이　다이

Try not to get depressed. 라고도 표현한다.

☐ 당신의 마음을 잘 알아요.

I know how you feel.

아이 노우　하우　유　필

☐ 걱정말고 말해요.

Come out and say it.

컴　아웃 앤　쎄잇

☐ 없는 것보다는 낫잖아요.

It's better than nothing.

잇츠 베터　댄　낫씽

☐ 나는 네 편이야.

I'm on your side.

아임 온　유어　사이드

☑ 자, 힘을 내. 너는 할 수 있어.

Come on, you can do it.

컴 온 유 캔 두 잇

> 긍정의 can은 [컨]처럼 약하게 발음해준다.

☐ 좀 더 힘내세요!

Be of better cheer!

비 업 베터 치어

☐ 자, 기운을 내세요!

Come on, snap out of it!

컴 온 스냅 아우러빗

☐ 힘내라!

Go for it!

고 포릿

> 우리말의 '파이팅'은 영어로는 쓰이지 않으며 Way to go!라고도 표현할 수 있다.

☐ 포기하면 안돼요.

Don't give up.

돈트 기법

☐ 너라면 할 수 있어!

Be confident in yourself.

비 칸피던트 인 유어셀프

☐ 힘내, 파이팅!

Go get them tiger!

고 겟 뎀 타이거

> them은 [덤]처럼 발음해준다.

Chapter 04

불만과 불평을 할 때

자신의 감정을 솔직히 나타내 보이는 것은 상대방과 친밀해질 수 있는 좋은 방법입니다. 상황에 맞는 표현과 함께 Intonation(억양), Accent(강세), Gesture(표정) 등을 덧붙이는 게 중요합니다. 부정적인 감정을 나타내는 형용사에는 terrible, horrible, awful(진짜 싫은, 심한), annoying, boring(지루한), disgusting, nauseating(아주 지겨운) 등이 있습니다.

Unit 1 귀찮을 때

☑ 아, 귀찮아!
Oh, bother!
오   바더

☐ 정말 귀찮군!
What a nuisance!
와러   뉴슨스

☐ 당신은 참 짜증나게 하는군요.
You're very trying.
유어   베리   트롸잉

trying은 [트롸잉]과 [츄라잉]의 중간으로 발음한다

☐ 또 시작이군.
Here we go again.
히어   위   고   어게인

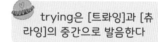
again은 [어겐]처럼 발음하기도 한다.

off는 입술을 떼어 바람 새는 소리까지 내주는 마무리까지 해준다.

☐ 나 지금 바빠. 제발 저리 좀 비켜라.
I'm busy right now. Please buzz off.
아임 비지   롸잇   나우   플리즈   버좁

☑ 당신 또 불평이군요.

You're always complaining.

유어　　올웨이즈　　컴플레이닝

☐ 무엇을 불평하고 계십니까?

What are you complaining about?

와라유　　　　　컴플레이닝　　　　어바웃

☐ 너무 투덜거리지 마!

Never grumble so!

네버　　그럼블　　쏘

☐ 좀 쉬지 그래?

Why don't you give it a rest?

와이　돈츄　　　기비러　　레스트

> rest는 [뤠스]까지 발음하고 모음이 없는 [트] 발음으로 마무리 한다.

☐ 불평불만 좀 그만해.

Quit your bitching and moaning.

콰잇　유어　비칭　　　앤　모닝

☐ 이제 그만 좀 불평해.

Keep your complaints to yourself.

키퓨어　　　컴플레인츠　　　투 유어셀프

☐ 그만 좀 불평해.

Stop your bellyaching.

스탑　유어　벨리에이킹

☑ 저로서는 불만입니다.

As for myself, I'm not satisfied.

애즈 포   마이셀프   아임 낫   쌔티스파이드

> satisfied는 [쌔]에 강세를 두고 [쌔리스프+화이드] 처럼 발음한다.

☐ 나한테 불만 있어요?

Do you have something against me?

두   유   해브   썸씽   어겐스트   미

☐ 뭐가 그렇게 불만족스러운가요?

What are you so dissatisfied about?

와라유   쏘   디쌔티스파이드   어바웃

☐ 정말 짜증스러워요.

I'm really pissed off.

아임 리얼리   피스트   오프

> off는 [오프]와 [어프]의 중간 느낌으로 발음한다.

☐ 그는 매우 짜증나게 해.

He frustrates me to no end.

히   프러스트레잇츠   미   투   노   앤드

> frustrate는 [레]에 강세를 두고 발음한다

☐ 정말 스트레스 쌓이는군!

It's really stressful!

잇츠 리얼리   스트레스풀

> stressful은 [레]를 강조하며 발음한다.

☑ 진짜 지겹다, 지겨워.
I'm sick and tired of it.
아임 씨크 앤 타이어드 어빗

> of it은 [어뷔스]으로 발음 하도록 한다. [어빗]으로 발음하 면 a bit 으로 혼동될 수 있다.

☐ 따분하죠, 그렇죠?
It's boring, isn't it?
잇츠 보링 이즌닛

> boring은 [보오링]처 럼 길게 늘어뜨려 발음한다.

☐ 지루해 죽겠어요.
Time hangs heavy on my hands.
타임 행즈 헤비 온 마이 핸즈

☐ 그건 생각만 해도 지긋지긋해요.
It makes me sick even to think of it.
잇 메익스 미 씨크 이븐 투 씽커빗

☐ 맥이 빠지는군!
What a drag!
와러 드랙

> think of it이 연음되어 [씽커뷔스] 처럼 발음된다.

☐ 이 일은 해도 해도 한이 없군.
This job never ends.
디스 잡 네버 앤즈

☐ 이것보다 더 지루한 일이 있을까?
Is there anything more tedious than this?
이즈 데어 에니씽 모어 티디어스 댄 디스

Chapter 05

감탄과 칭찬을 할 때

상대를 칭찬할 경우에는 You are a very good tennis player. (테니스를 잘 치시군요.) 등처럼 말합니다만, 지나치게 치켜세우는 것은 금물입니다. 하지만, 칭찬할 때는 조금은 과장되게 하는 것이 좋습니다. 만약 당신이 칭찬을 받았다면 Oh, you flatter me.(오, 과찬이십니다.)라고 말하면 될 것입니다. 참고로 You look so great(nice/beautiful). (당신 멋져요.) 등도 칭찬할 때 쓰이는 말입니다.

Unit 1 감탄의 기분을 나타낼 때

☑ 멋지네요! / 훌륭합니다!

Wonderful! / Great! / Fantastic!
원더풀　　　　그레이트　　팬태스틱

☐ 와, 정말 아름답네요!

Wow, beautiful!
와우　　뷰티풀

> beautiful은 [뷰우터프휠] 또는 [뷰우리프휠]의 느낌으로 발음해준다.

☐ 경치가 멋지네요!

What a lovely view!
와러　　러블리　뷰

> view는 [뷰우우]의 느낌 으로 길게 발음한다.

☐ 맛있네요!

Good! / Delicious! / Yummy!
굿　　딜리셔스　　여미

> delicious는 [리]에 강세를 두고 발음한다.

☐ 잘했어요!

Good job! / Good for you! / Excellent!
굿 잡　　　굿 포 유　　　엑설런트

> excellent는 [엑]에 강세를 준다.

Part 4 거리낌 없는 감정 표현

☑ 재미있네요!
How interesting! / How exciting!
하우   인터레스팅   하우   익사이팅

☐ 엄청나네요!
That's really super!
댓츠   리얼리   슈퍼

super는 [수뻘]이라 발음하는 기분으로 발음해 본다.

☐ 정말 근사한데요!
It's a real beauty!
잇처   리얼   뷰티

real은 [리얼]과 [뤼얼]의 중간 정도로 발음한다.

☐ 정말 날씨가 좋죠!
What a glorious day!
와러   글로리어스   데이

glorious는 [로]를 강조하며 발음한다.

☐ 아름다운 꽃이죠!
What lovely flowers!
왓   러블리   플라워즈

☑ 대단하군요!

That's great!

댓츠   그레이트

☐ 잘 하시는군요!

You're doing well!

유어   두잉   웰

☐ 잘 하셨어요!

You have done well!

유   해브   던   웰

☐ 정말 훌륭하군요!

How marvelous!

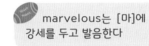
marvelous는 [마]에 강세를 두고 발음한다

하우   마벌러스

☐ 참 잘하셨어요.

You did a good job.

유   디더   굿   잡

☐ 나는 당신이 자랑스럽습니다.

I am very proud of you.

아이 엠 베리   프라우드   오뷰

☐ 아주 잘 하고 있어요.

You are coming along well.

유어   커밍   어롱   웰

☑ 당신은 정말 신사이군요.

You're all gentleman.

유어　올　젠틀맨

☐ 멋있군요!

That's beautiful!

댓츠　뷰티풀

☐ 나이에 비해 젊어 보이시는군요.

You look young for your age.

유　룩　영　포　유어　에이쥐

☐ 아이가 참 귀엽군요!

What a cute baby!

와러　큐트　베이비

☐ 당신은 눈이 참 예쁘군요.

You have beautiful eyes.

유　해브　뷰티풀　아이즈

☐ 어마, 멋있군요!

Oh, that's keen!

오　댓츠　킨

> keen은 [키인]처럼 길게 발음한다.

☐ 그거 참 잘 어울립니다.

You look stunning in it.

유　룩　스터닝　이닛

☑ 기억력이 참 좋으시군요.

You have a very good memory.

유　　해버　　베리　　굿　　메모리

□ 당신은 모르는 게 없군요.

encyclopedia는 [피]에 강세를 두고 발음한다

You must be a walking encyclopedia.

유　　머스트　비어　워킹　　엔싸이클로우피디어

□ 못하는 게 없으시군요.

Is there anything you can't do?

이즈 데어　에니씽　　유　캔트　두

□ 당신의 입장이 부럽습니다.

in one's shoes
~의 입장이 되어, 처지
(shoes는 [슈우즈] 처럼
길게 늘어뜨려 발음한다.)

I wish I were in your shoes.

아이 위쉬 아이 워린　유어　슈즈

□ 어떻게 그렇게 영어를 잘하십니까?

How come you speak such good English?

하우　컴　　유　스피크　써치　굿　　잉글리쉬

□ 마치 미국 사람처럼 영어를 잘하십니다.

You speak English without an accent.

유　스피크　잉글리쉬　윗아웃　언　액센트

accent는 [액]에 강세를 주어 발음한다.

☑ 친절하기도 하셔라!

You're so nice!

유어   쏘   나이스

□ 친절도 하시네요.

That's very nice of you.

댓츠   베리   나이스 오뷰

□ 잘 지적해 주셨어요.

You got a good point.

유   가러   굿   포인트

□ 어려운 결심을 하셨군요.

You made a tough decision.

유   메이더   터흐   디씨젼

decision은 [씨]에 강세를 두고 발음한다.

□ 당신은 참 부지런하시군요, 그렇죠?

You're an early bird, aren't you?

유어런   얼리   버드   안츄

bird는 [버(얼)드] 의 느낌으로 발음한다

□ 당신은 참 인사성이 밝으시군요.

You always know the right thing to say.

유   올웨이즈   노우   더   롸잇   씽   투 쎄이

Unit 6 칭찬에 대한 응답

☑ 칭찬해 주시니 고맙습니다.

Thank you, I'm flattered.

땡큐   아임 플래터드

☐ 과찬의 말씀입니다.

I'm so flattered.

아임 쏘 플래터드

> flattered는 [ㅍ+홀래터
> (얼)드]와 [ㅍ+홀래러(얼)드]의
> 중간으로 발음한다는 느낌으로
> 말해보자.

☐ 너무 치켜세우지 마세요.

Spare my blushes.

스페어   마이 블러쉬즈

☐ 비행기 태우지 마세요.

Don't make me blush.

돈트   메이크   미   블러쉬

☐ 그렇게 말씀해 주시니 고맙습니다.

It's very nice of you to say so.

잇츠 베리   나이스 오뷰   투 쎄이 쏘

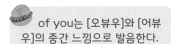

> of you는 [오뷰우]와 [어뷰
> 우]의 중간 느낌으로 발음한다.

Part 4 거리낌 없는 감정 표현

Chapter 06

비난과 책망을 할 때

비난을 하거나 말싸움을 하거나 상대를 꾸짖는 표현은 외국인 입장에서는 사용할 기회가 별로 없을 것입니다. 하지만 사람들과의 만남에서 항상 좋은 일만 있을 수 없습니다. 따라서 이러한 표현은 만약을 대비해서 익혀 두면 적절하게 활용할 수 있습니다. 상대방의 말이 지나칠 경우에는 How dare you say that to me?(나한테 어떻게 그런 말을 할 수 있어?)라고 따끔하게 한 마디 해두는 것도 잊지 맙시다.

Unit 1 비난할 때

☑ 창피한 줄 아세요.
Shame on you.
쉐임　　　온　유

on은 [온]과 [언]의 중간으로 발음한다

☐ 당신 정신 나갔어요?
Have you lost mind?
해뷰　　　　　로스트 마인드

☐ 당신은 바보로군요.
You're an idiot.
유어런　　　　이디엇

☐ 당신 미쳤군요.
You're insane.
유어　　인쎄인

☐ 왜 이런 식으로 행동하죠?
Why are you acting this way?
와이　아유　　액팅　　디스 웨이

☑️ 너도 마찬가지야!
The same applies to you!
더   쎄임   어플라이즈 투 유

☐ 저질!
That's disgusting!
댓츠   디스거스팅

> disgusting은 [거]에 강세를 두고 발음한다.

☐ 바보 짓 하지 마!
Don't make a fool of yourself!
돈트   메이커   풀   오뷰어셀프

☐ 정말 뻔뻔하군!
What impudence!
왓   임퓨던스

☐ 도대체 무슨 생각으로 그러세요!
What the big idea!
왓   더   빅   아이디어

☐ 진짜 유치하군.
You're so childish.
유어   쏘   촤일디쉬

> doornail은 [도어네어얼]의 느낌으로 발음한다.

☐ 그는 정말 멍청해.
He's dumber than a doornail.
히즈   더머   댄   어 도어네일

Part 4
거리낌 없는 감정 표현

☑ 너 내 말대로 해!
You heard me!
유   허드   미

> heard는 [허(얼)드]로
> 발음한다.

☐ 이봐요! 목소리 좀 낮춰요!
Hey! Keep your voice down!
헤이   키퓨어   보이스   다운

☐ 바보 같은 소리하지 마세요.
Don't be silly.
돈트   비   실리

> Don't be foolish.
> 쓸데없는 소리 마세요.

☐ 당신한테 따질 게 있어요.
I've got a score to settle with you.
아이브 가러   스코어   투 세를   위쥬

☐ 너 두고 보자!
You won't get away with this!
유   원트   게러웨이   위드   디스

> won't는 [워웅ㅌ]의
> 느낌으로 발음한다.

☐ 내가 뭐가 틀렸다는 거야?
How am I at fault?
하우   엠 아이 앳 폴트

☐ 내가 너한테 뭘 어떻게 했다는 거야?
What did I ever do to you?
왓   디다이 에버   두 투 유

☑ 변명하지 마세요.

Stop making excuses.

스탑 메이킹 익스큐지즈

> excuses는 [큐]에 강세를 두는데 [뀨]와 [큐]의 중간 정도로 발음한다.

☐ 그건 변명이 안 돼.

That's no excuse.

댓츠 노 익스큐즈

☐ 이제 변명은 됐어.

I've had enough of your excuses.

아이브 해드 이넙 오뷰어 익스큐지즈

☐ 다시는 절대 그러지 말게나.

You'll never do that again.

유월 네버 두 대러게인

> that again이 연음되어 [대러게인]또는 [대러겐]으로 발음된다.

☐ 그런 법이 어디 있어요?

How did you get that way?

하우 디쥬 겟 댓 웨이

☐ 너희들 나머지도 다 마찬가지야.

The same goes for the rest of you.

더 세임 고즈 포 더 레스터뷰

> rest of you는 연음되면 [레스터뷰]처럼 발음된다.

Part 4 거리낌 없는 감정 표현

147

☑ 흥분하지 마세요.

Don't get excited.

돈트 겟 익사이티드

☐ 이제 됐어요!

Enough of it!

이너퍼빗

☐ 싸움을 말리지 그랬어요?

Why didn't you break up the fight?

와이 디든츄 브레이컵 더 파이트

☐ 진정하세요.

Keep your shirt on.

키퓨어 셔론

> shirt on은 [셔론]과 [셔런]의 중간으로 발음한다.

☐ 화해하는 게 어때요?

Why don't you guys just make up?

와이 돈츄 가이즈 저스트 메이컵

☐ 그 일은 잊어버리세요.

Forget about it.

포겟 어바우릿

> forget은 [포게트]과 [훠게트]의 중간이라는 느낌으로 윗니와 아랫입술 사이로 바람이 새어나가는 걸 느끼며 발음하도록 한다

☐ 네가 동생에게 양보해라.

Be nice to your brother.

비 나이스 투 유어 브라더

PART

5

일상생활의 화제 표현

사람에 따라 다르지만 아침에는 모닝커피만 마시고 출근하는 직장인, 아침 식사를 하지 않거나 인스턴트로 된 유동식을 먹고 급하게 직장으로 향하는 사람도 많습니다. 비즈니스를 위한 식사 접대는 거의 점심때에 합니다. 저녁 초대를 받는 일은 극히 드물고 일과가 끝난 뒤 동료와 한 잔 하는 습관도 거의 없습니다. 저녁때가 되면 직장에서 집으로 돌아가는 게 일반적인 미국인의 생활 패턴입니다. 미국인의 생활에 필수불가결한 파티가 시작되는 시간은 대체로 8시부터이며 디너 파티는 6시경부터 시작합니다.

Chapter 01

가족에 대해서

처음 만났을 때는 지나치게 개인적인 질문을 피하는 게 좋습니다. 그러나 약간 친해지면 Do you have any brothers and sisters?(형제 자매는 있으세요?), How many people are there in your family?(가족은 몇 분이나 됩니까?), How many children do you have?(아이들은 몇 명이나 됩니까?), Does your wife work?(부인이 하는 일을 합니까?) 등으로 대화를 시작합니다.

Unit 1 가족에 대해 말할 때

☑ 가족은 몇 분이나 됩니까?

How many people are there in your family?

하우 메니 피플 아 데어인 유어 페멀리

☐ 식구는 많습니까?

Do you have a large family?

두 유 해버 라지 페멀리

 family는 [페멀리]와 [훼멀리]의 중간이라는 느낌으로 발음한다

☐ 가족에 대해 좀 말씀해 주세요.

Please tell me about your family.

플리즈 텔 미 어바웃 유어 페멀리

☐ 저는 부모님과 잘 지냅니다.

I get along well with my parents.

아이 겟 어롱 웰 위드 마이 페어런츠

get along은 연음되어 [게럴롱]처럼 발음된다. parents는 [페]에 강세를 두고 발음한다.

☐ 난 독자예요. 당신은 어때요?

I'm an only child. How about you?

아이먼 온리 촤일드 하우 어바웃 츄

☑ 우리 가족은 매우 화목해요.

We are a very harmonious family.

위   아러   베리   하모니어스   페멀리

harmonious 는 [모우]에 강세를 두고 발음한다. family는 강세를 앞에 둔다.

☐ 부모님과 함께 사세요?

Do you live with your parents?

두   유   리브   위쥬어   페어런츠

☐ 남편은 어떤 일을 하세요?

What does your husband do for a living?

왓   더쥬어   허즈번드   두   포러   리빙

☐ 아버님은 어떤 일에 종사하시나요?

What business is your father in?

왓   비즈니스   이쥬어   파더   인

☐ 당신 어머니는 무슨 일을 하십니까?

What does your mom do?

왓   더쥬어   맘   두

☐ 부인이 일을 합니까?

Does your wife work?

더즈   유어   와이프   워크

☐ 부모님은 연세가 어떻게 되십니까?

How old are your parents?

하우   올드   아   유어   페어런츠

☑ 형제가 몇 분이세요?

How many brothers and sisters do you have?

하우 메니 브라더즈 앤 씨스터즈 두 유 해브

☐ 형제나 자매가 있습니까?

Do you have any brothers and sisters?

두 유 햅 에니 브라더즈 앤 씨스터즈

☐ 아뇨, 없습니다. 독자입니다.

No, I don't. I'm an only child.

노 아이 돈트 아이먼 온리 촤일드

☐ 동생은 몇 살입니까?

How old is your brother?

하우 올드 이쥬어 브라더

☐ 저보다 두 살 아래입니다.

He's two years younger than me.

히즈 투 이어즈 영거 댄 미

> used to는 연음되어 [유스터]로 발음된다

☐ 대개는 형과 놀았습니다. 쌍둥이라서요.

I used to play mainly with my brother. We're twins.

아이 유스터 플레이 메인리 위드 마이 브라더 위아 트윈스

> relatives는 [렐]에 강세를 두고 [렐]과 [뤠리]의 중간 정도로 발음한다.

☐ 미국에 친척 분은 계십니까?

Do you have any relatives living in America?

두 유 햅에니 렐러티브즈 리빙 인 어메리커

Unit 3 자녀에 대해 말할 때

☑ 아이들은 몇 명이나 됩니까?

How many children do you have?

하우   메니   칠드런   두 유   해브

☐ 아이는 언제 가질 예정입니까?

When are you going to have children?

웨나유   고잉   투 해브   칠드런

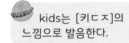
going to는 연음되어 [거나]로 발음되기도 한다.

☐ 아이들이 있습니까?

Do you have any children?

두 유   햅에니   칠드런

☐ 자녀가 있습니까?

Have you got any kids?

해뷰   가래니   키즈

kids는 [키ㄷㅈ]의 느낌으로 발음한다.

☐ 자녀들은 몇 살입니까?

How old are your children?

하우   올드 아유어   칠드런

☐ 그 애들은 학교에 다니나요?

Do they go to school?

두   데이 고 투 스쿨

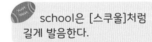
school은 [스쿠울]처럼 길게 발음한다.

☐ 아들은 초등학생입니다.

My son is in elementary school.

마이 썬   이즈 인 엘러멘터리   스쿨

Chapter 02

직장에 대해서

파트타임으로 일하는 경우에는 I work part-time at a department store.(백화점에서 파트 타임으로 일합니다.)로 대답하며, 상대가 회사에서 일하고 있을 때는 What do you do at the company?(그 회사에서 어떤 일을 하고 계십니까?)라는 질문으로 일의 내용을 알 수 있습니다. 이에 대해 I work in the planning department.(기획부에서 일합니다.)라고 대답하면 됩니다.

Unit 1 직장에 대해 말할 때

☑ 어디서 근무하세요?

Where do you work?
웨어 　 두 유 　 워크

☐ 어느 회사에 근무하십니까?

What company are you with?
왓 　 컴퍼니 　 아유 　 위드

☐ 직위가 어떻게 되십니까?

What position do you hold?
왓 　 포지션 　 두 유 　 홀드

☐ 그 회사에서 무슨 일을 하십니까?

What do you do at the company?
왓 　 두 유 　 두 앳더 　 컴퍼니

department는 [파]를 강하게 발음해서 [디파(알)먼트]의 느낌으로 발음한다

☐ 저는 기획부에서 일해요.

I work in the planning department.
아이 워킨 　 더 　 플레닝 　 디파트먼트

Unit 2 근무에 대해 말할 때

☑ 거기서 근무하신 지는 얼마나 됐습니까?

How long have you worked there?

하우 롱 해뷰 워크트 데어

☐ 회사는 언제 입사하셨습니까?

What are your hours of work?

워라유어 아워즈 옵 워크

☐ 근무 시간이 어떻게 됩니까?

What are the regular work hours?

와라 더 레귤러 워크 아워즈

☐ 저희는 격주로 토요일에는 쉽니다.

We get every other Saturday off.

위 겟 에브리 아더 새러데이 오프

> Saturday는 [쌔]에 강세를 두고 발음한다

☐ 내일은 쉬어요.

I'll be off tomorrow.

아윌 비 오프 터마로우

> off는 [어프]와 [오프]의 중간으로 발음해주고 마지막에 윗니와 아랫입술 사이로 바람 빠지는 소리까지 내준다

☐ 저는 오늘밤 야근이에요.

I'm on duty tonight.

아임 온 듀티 투나잇

Part 5
일상생활의 화제 표현

155

☑ 급여를 어떤 식으로 받으세요?

How do you get paid?

하우 두 유 겟 페이드

☐ 연봉이 얼마나 됩니까?

What's your yearly salary?

왓츄어 이얼리 샐러리

> yearly는 [이(얼)리]의
> 느낌으로 발음한다.

☐ 봉급날이 언제입니까?

When is your payday?

웨니즈 유어 페이데이

☐ 오늘이 월급날이에요.

Today is payday.

투데이즈 페이데이

☐ 제 급여는 쥐꼬리만해요.

My salary's chicken feed.

마이 샐러리즈 치킨 피드

> feed는 [ㅍ+히이드]
> 처럼 길게 발음한다.

☐ 일하는 시간에 비하면 매우 낮아요.

It's very low for my work hours.

잇츠 베리 로우 포 마이 워크 아워즈

☑ 내년에는 승진하길 바랍니다.

I hope you will be promoted next year.

아이 호퓨　　　　윌　비 프러모티드　　　넥스트 이어

☐ 저 부장으로 승진했어요.

I was promoted to a manager.

아이 워즈 프러모티드　　　투　어 매니져

> 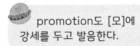 promoted는 [모]에 강세를 두고 [프러모우리드]의 느낌으로 발음한다.

> company는 [컴]에 강세를 두고 발음한다.

☐ 우리 회사에서는 승진하기가 어려워요.

It's hard to move up in our company.

잇츠 하드　　투 무법　　　　인 아워　컴퍼니

☐ 그에게는 강력한 후원자가 있어요.

He has a powerful supporter.

히　해저　　파워풀　　　써포터

> supporter는 [써포러]로 발음되기도 한다.

☐ 그의 승진은 이례적이었어요.

His promotion was unusual.

히즈　프러모션　　　워즈　언유쥬얼

☐ 승진은 성적에 달렸어요.

Promotion goes by merit.

프러모션　　　　고우즈　바이 메리트

> promotion도 [모]에 강세를 두고 발음한다.

☑ 어떻게 출근하세요?

How do you get to work?

하우   두 유   겟   투 워크

☐ 대개 지하철을 이용해서 출근해요.

I usually take the subway to work.

아이 유주얼리 테익더   서브웨이   투 워크

> commute는 [유]에 강세를 두고 [커뮤ㅌ]의 느낌으로 발음한다.

☐ 출근하는 데 시간이 얼마나 걸려요?

How long does it take you to commute?

하우   롱   더짓   테이큐   투 커뮤트

☐ 몇 시까지 출근합니까?

What time do you report to work?

왓   타임   두 유   리포트   투 워크

☐ 사무실이 집에서 가까워요.

The office is near my house.

디   오피스   이즈 니어   마이 하우스

☐ 지각한 적은 없습니까?

Haven't you ever been late for work?

해븐츄   에버 빈   레이트 포 워크

☐ 몇 시에 퇴근하십니까?

What time do you punch out?

왓   타임   두 유   펀취   아웃

 punch out 타임카드를 찍다(퇴근하다)

☑ 휴가는 며칠이나 됩니까?

How many vacation days do you have?

하우 메니 버케이션 데이즈 두 유 해브

 vacation은 [케이]에 강세를 두고 발음한다.

☐ 휴가 기간은 얼마나 됩니까?

How long does your vacation last?

하우 롱 더쥬어 버케이션 래스트

☐ 당신의 휴가는 언제 시작되죠?

When does your vacation start?

웬 더쥬어 버케이션 스타트

leaving은 [리이빙]처럼 길게 발음해준다.

☐ 휴가 언제 떠나세요?

When are you leaving for your vacation?

웨나유 리빙 포 유어 버케이션

☐ 너무 바빠서 휴가를 가질 여유가 없어요.

I'm too busy to take holidays.

아임 투 비지 투 테이크 할러데이즈

holidays는 [할]에 강세를 두고 발음한다.

☐ 휴가 계획을 세우셨어요?

Have you planned your vacation yet?

해뷰 플랜드 유어 버케이션 옛

Part 5

일상생활의 화제 표현

☑ 상사가 누구입니까?

Who is your boss?

후   이쥬어   보스

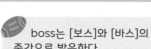

boss는 [보스]와 [바스]의
중간으로 발음한다.

☐ 당신 상사와의 사이가 어떠세요?

How do you stand with your boss?

하우   두   유   스탠드   위쥬어   보스

☐ 저는 제 상사를 존경합니다.

I respect my boss.

아이 리스펙트   마이 보스

☐ 그분은 매우 관대합니다.

He's very generous.

히즈   베리   제너러스

generous는 [제]를
강하게 발음한다.

☐ 그는 잔소리가 심해요.

He nags too much.

히   낵스   투   마취

relationship은 [레이]에
강세를 두고 발음한다.

☐ 당신 상사와의 관계는 어떠십니까?

How is your relationship with your boss?

하우   이쥬어   릴레이션쉽   위쥬어   보스

☑ 도대체 왜 사직하셨어요?

What's all this about resigning?

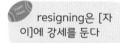
resigning은 [자
이]에 강세를 둔다

왓츠　올 디스　어바웃　리자이닝

☐ 당신 회사는 정년이 몇 살입니까?

What's the age of retirement in your company?

왓츠　디　에이좁　리타이어먼트　인 유어　컴퍼니

☐ 그만두기로 결심했어요.

I've decided to quit my job.

quit은 [쿠위트]
느낌으로 발음한다.

아이브 디싸이디드　투 큇　마이 잡

☐ 이 일에는 안 맞는 것 같아요.

Maybe I'm not suited to this business.

메이비　아임 낫　슈티드　투 디스 비즈니스

☐ 언제 퇴직하십니까?

When are you going to retire?

웨나유　고잉　투 리타이어

☐ 저는 지금 놀고 있습니다.

I'm out of a job now.

out of a는 연음되어
[아우러버]처럼 발음한다.

아임 아우러버　잡　나우

☐ 그는 해고됐어요.

He was fired.

fire out 해고하다
(=discharge)

히 워즈 파이어드

Part 5
일상생활의 화제 표현

161

Chapter 03

학교에 대해서

미국에서는 초등학교에서부터 고교까지 통합해서 학년을 말하는 경우가 많기 때문에 중학 1학년은 7학년이라고 하게 됩니다. 또한 학년에 대해서 ~ grader(~학년)를 사용해서 My son is a twelfth grader.(제 아들은 12학년입니다.)라고 할 수 있습니다. 참고로 졸업생을 말할 때 OB(Old Boy), OG(Old Girl)라는 표현도 있지만, 일반적으로 alumni라고 합니다.

Unit 1 출신학교에 대해 말할 때

☑ 어느 학교에 다니십니까?
Where do you go to school?
웨어   두 유   고 투 스쿨

> go to는 연음되면 [고 우루] 처럼 발음된다

☐ 어느 대학에 다니십니까?
Which college are you attending?
위치   칼리쥐   아유   어탠딩

> university 는 [버]에 강세를 두어 발음한다.

☐ 저는 서울대학생입니다.
I'm a student at Seoul National University.
아이머 스튜던트   앳 서울   내셔널   유니버서티

☐ 몇 학년입니까?
What grade are you in?
왓   그레이드 아유   인

☐ 어느 학교를 졸업하셨습니까?
What school did you graduate from?
왓   스쿨   디쥬   그래쥬에잇   프럼

☑ 그녀는 고등학교를 갓 나왔습니다.

She's fresh out of high school.

쉬즈   프레쉬   아우럽   하이스쿨

> college는 [칼]에 강세를 주어 발음한다.

□ 그는 일을 하면서 대학을 나왔어요.

He worked his way through college.

히   워크트   히즈 웨이   쓰루   칼리쥐

□ 그는 일을 하면서 고등학교를 나왔어요.

He worked his way through high school.

히   워크트   히즈 웨이   쓰루   하이스쿨

□ 그는 고등학교 중퇴자입니다.

He is a high school dropout.

히   이저   하이스쿨   드랍아웃

> dropout 중퇴자 / dropout은 [드랍빠웃] 처럼 발음된다.

□ 그는 대학중퇴자입니다.

He is a college dropout.

히   이저   칼리쥐   드랍아웃

☑ 몇 학년이세요?

What year are you in?

왓 　 이어 　 아유 　 　 인

> ahead of가 연음되어
> [어헤더브]처럼 발음된다.

☐ 저보다 3년 선배이시군요.

You're three years ahead of me.

유어 　 쓰리 　 이어즈 　 어헤덥 　 　 미

☐ 그는 제 학교 선배입니다.

He's ahead of me in school.

히즈 　 어헤덥 　 　 미 　 인 스쿨

☐ 대학교 때 전공이 무엇이었습니까?

What was your major at college?

왓 　 워쥬어 　 　 메이져 　 앳 칼리쥐

☐ 무얼 전공하십니까?

What are you majoring at?

와라유 　 　 　 메이져링 　 　 앳

☐ 어떤 학위를 가지고 계십니까?

What degree do you have?

왓 　 디그리 　 두 유 　 해브

☑ 이번 학기에는 몇 과목이나 수강신청을 했습니까?

How many courses are you taking this semester?

하우 메니 코시스 아유 테이킹 디스 씨메스터

☐ 그는 수업 준비하느라 바쁩니다.

He's busy preparing for class.

히즈 비지 프리페어링 포 클래스

☐ 나는 장학금을 신청했습니다.

I applied for a scholarship.

아이 어플라이드 포러 스칼러쉽

> scholarship은 [칼]에 강세를 두어 [깔]에 가까운 발음을 내준다

☐ 이건 제게 어려운 학과였어요.

This has been a hard course for me.

디스 해즈 빈 어 하드 코스 포 미

☐ 그는 물리학에 뛰어난 사람이에요.

He's a bear for physics.

히저 베어 포 피직스

> physics는 [ㅍ+휘]에 강세를 두어 발음한다.

☐ 게시판에 뭐라고 쓰여 있는 거예요?

What does the board say?

왓 더즈 더 보드 쎄이

☐ 나는 맨 뒷자리에 앉기를 좋아해요.

I like to sit way in the back.

아이 라익투 씻 웨이 인 더 백

> 이 문장은 way를 강조해서 말하는 것이 좋다

Part 5 일상생활의 화제 표현

☑ 공부를 해야겠어요.
I better hit the books.
아이 베터 힛 더 북스

☐ 시험결과는 어떻게 되었나요?
How did the test turn out?
하우 디드 더 테스트 턴 아웃

> turn out 판명하다 / test는 [테스트]처럼 발음한다.

☐ 수학 성적은 어땠어?
What was your score in math?
왓 워쥬어 스코어 인 매쓰

> math는 [매] 발음을 강하게 힘주어 발음한다.

☐ 그는 학교 성적이 매우 좋아진 것 같아요.
He seems to be getting on very well at school.
히 심스 투 비 게링 온 베리 웰 앳 스쿨

☐ 그녀는 반에서 1등이에요.
She is at the top of her class.
쉬 이즈 앳 더 탑 옵 허 클래스

> classmates는 [클라 스메이츠]로도 발음된다.

☐ 내가 우리 반에서 제일 뒤떨어진 것 같아요.
Looks like I'm far behind my classmates.
룩스 라이크 아임 파 비하인드 마이 클래스메이츠

☐ 우리는 그것을 암기하지 않으면 안 되었어요.
We had to learn it by heart.
위 해드 투 런 잇 바이 하트

Chapter 04 연애와 결혼에 대해서

'친구', '친한 친구', '사이가 좋은 친구'는 a good friend라든가 a close friend로 표현합니다. 그러나 intimate(친밀한)을 사용하면 이성끼리 더구나 '(성적인 관계가 있는) 좋은 사이'를 연상시킬 수 있으므로 주의해야 합니다. 결혼을 했는지 물을 때는 Are you married?(결혼했어요?) 라고 하며, '~와 결혼하다'는 marry with~가 아니라, marry~이므로 주의해야 합니다.

Unit 1 연애 타입에 대해 말할 때

☑ 사귀는 사람 있나요?

Are you seeing somebody?
아유 　 씨잉 　 썸바디

☐ 누구 생각해 둔 사람이 있나요?

Do you have anyone in mind?
두 유 　 해브 　 에니원 　 인 마인드

☐ 어떤 타입의 여자가 좋습니까?

What kind of a girl do you like?
왓 　 카인돕어 　 걸 　 두 유 　 라이크

☐ 성실한 사람이 좋습니다.

I like someone who is sincere.
아이 라이크 썸원 　 후 　 이즈 씬시어

sincere는 [씨]를 강조해서 발음한다

☐ 그는 제 타입이 아닙니다.

He isn't my type.
히 　 이즌트 마이 　 타입

☑ 저와 데이트해 주시겠어요?

Would you like to go out with me?

우쥬 　　　　　 라익투 　 고우 아웃 위드 　 미

☐ 당신과 사귀고 싶습니다.

I'd like to go out with you.

아이드 라익투 　 고 　 아웃 　 위쥬

☐ 저와 함께 저녁식사를 하시겠어요?

Would you like to have dinner with me?

우쥬 　　　　　 라익투 　 해브 　 디너 　　 위드 　 미

☐ 당신에게 아주 반했습니다.

I'm crazy about you.

아임 　 크레이지 어바웃츄

crazy는 [지] 발음을
할 때 입천장을 울리는 기분
으로 발음한다.

☐ 당신의 모든 걸 사랑합니다.

I love everything about you.

아이 러브 에브리씽 　　　　 어바츄

everything은 [에]
에 강세를 두고 발음한다

☑ 저와 결혼해 주시겠습니까?

Would you marry me?

우쥬   메리   미

☐ 내 아내가 되어 줄래요?

Would you be my wife?

우쥬   비   마이 와이프

☐ 당신과 평생 같이 살고 싶습니다.

I'd like to live with you forever.

아이드 라익투 리브 위쥬   포에버

☐ 우리는 이번 달에 약혼했습니다.

We became engaged this month.

위   비케임   인게이쥬드   디스   먼쓰

☐ 그녀는 래리와 약혼한 사이예요.

She's engaged to marry Larry.

쉬즈   엔게이쥬드   투 메리   래리

> engage 약혼하다 /
> engaged는 [게이]에 강세
> 를 두고 발음한다

☑ 결혼하셨습니까?

Are you married?

아유　　　　메리드

> married는 [메]에 강세를
> 두고 [메뤼드]처럼 발음한다.

☐ 언제 결혼할 예정입니까?

When are you going to get married?

웨나유　　　　　고잉　　투 겟　　메리드

☐ 언제 결혼을 하셨습니까?

When did you get married?

웬　　　디쥬　　　겟　　메리드

☐ 결혼한 지 얼마나 됐습니까?

How long have you been married?

하우　　롱　　해뷰　　　빈　　　메리드

☐ 신혼부부이시군요.

You're a brand new couple.

유어러　　　브랜드　　뉴　　커플

☐ 당신은 기혼입니까, 미혼입니까?

Are you married or single?

아유　　　메리드　　　오어 싱글

> single은 [씽걸]
> 과 [씽글]의 중간으
> 로 발음한다.

☐ 저는 아직 결혼하지 않았습니다.

I'm not married yet.

아임　　낫　　메리드　　　옛

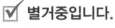 **Unit 5 별거와 이혼에 대해 말할 때**

☑ 별거중입니다.
I'm separated.
아임　쎄퍼레이티드

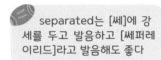 separated는 [쎄]에 강세를 두고 발음하고 [쎄퍼레이리드]라고 발음해도 좋다

☐ 이혼했습니다.
I'm divorced.
아임　디보스드

divorced는 [디보(올)스ㄷ]처럼 발음한다.

☐ 우리 결혼 생활은 재미가 없어요.
Our marriage has gone stale.
아워　메리쥐　　해즈　곤　　스테일

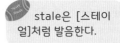 stale은 [스테이얼]처럼 발음한다.

☐ 우리는 곧 이혼할 예정입니다.
We are planning to get a divorce soon.
위아　　플레닝　　투 게러　디보스　　쑨

☐ 우린 지난 겨울에 헤어졌습니다.
We broke up last winter.
위　브로컵　　래스트 윈터

☐ 그는 최근에 재혼했습니다.
He recently married again.
히　리쓴트리　메리드　　어게인

Chapter 05

여가·취미·오락에 대해서

어떤 것을 좋아하는지 알고 싶을 때는 What are you interested in?(무엇에 흥미가 있습니까?) What do you do when you have time?(한가할 때는 무엇을 합니까?) 등으로 묻습니다. 무언가를 수집하고 있을 때는 What are you collecting?(무엇을 수집합니까?)라는 물음에 I'm collecting coins.(동전을 모으고 있습니다.)라고 대답할 수 있습니다.

Unit 1 여가 활동에 대해 말할 때

☑ 주말에는 주로 무엇을 합니까?

What do you usually do on weekends?

왓   두 유   유주얼리   두 온 위켄즈

☐ 여가시간에 무얼 하십니까?

What do you do in your spare time?

왓   두 유   두 인 유어   스페어   타임

spend는 [스뻬ㄴ드]에 가깝게 발음한다

☐ 여가를 어떻게 보내세요?

How do you spend your leisure time?

하우 두 유   스펜드   유어   레져   타임

☐ 주말에 무슨 계획이 있으세요?

Do you have any plans for the weekend?

두 유   햅에니   플랜스 포 더   위켄드

☐ 휴일에 무얼 하실 겁니까?

What are you going to do for the holiday?

워라유   고잉   투 두 포 더   할러데이

Unit 2 취미에 대해 말할 때

☑ 취미가 뭡니까?
What is your hobby?
와리즈   유어   하비

☐ 무엇에 흥미가 있으세요?
What are you interested in?
와라유   인터레스티딘

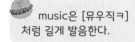
interested는 [인]에 강세를 두고 뒤따라오는 in 과 연음하여 [인터레스티딘]으로 발음한다.

☐ 특별한 취미가 있습니까?
Do you have any particular hobbies?
두   유   햅에니   파티큘러   하비스

☐ 제 취미는 음악 감상입니다.
My hobby is listening to music.
마이   하비즈   리스닝   투   뮤직

music은 [뮤우직ㅋ] 처럼 길게 발음한다.

☐ 저의 취미는 다양해요.
My interests are varied.
마이   인터레스츠   아   베리드

☐ 저는 그런 일에는 별로 취미가 없습니다.
I have little interest in those things.
아이 해브 리틀   인터레스티딘   도우즈   씽스

☑ 이 호텔에는 카지노가 있습니까?

Is there any casino in this hotel?

이즈 데어래니　　커씨노　인 디스　호텔

> casino는 si 부분에 강세를 두고 발음하면 [커씨-노] 처럼 발음된다.

☐ 좋은 카지노를 소개해 주시겠어요?

Could you recommend a good casino?

쿠쥬　　　레커멘더　　　굿　커씨노

☐ 카지노는 아무나 들어갈 수 있습니까?

Is everyone allowed to enter casinos?

이즈 에브리원　　얼라우드　투 엔터　커씨노스

☐ 카지노는 몇 시부터 시작합니까?

What time does the casino open?

왓　타임　더즈　더　커씨노　오픈

☐ 칩은 어디서 바꿉니까?

Where can I get chips?

웨어　캔　아이 겟 칩스

☐ 칩 200달러 부탁합니다.

May I have 200 dollars in chips, please.

메아이　해브　투 헌드레드 달러즈 인 칩스　플리즈

☐ 칩을 현금으로 바꿔 주세요.

Cash my chips, please.

캐쉬　마이 칩스　플리즈

☑ 좋은 나이트클럽은 있나요?

Do you know of a good nightclub?

두 유 노우 어버 굿 나잇클럽

☐ 디너쇼를 보고 싶은데요.

I want to see a dinner show.

아이 원투 씨 어 디너 쇼

☐ 이건 무슨 쇼입니까?

What kind of show is this?

왓 카인돕 쇼 이즈 디스

> what kind of는 연음시켜 [왓 카인도ㅂ]와 [왓 카인더ㅂ]의 중간으로 발음한다

☐ 함께 춤추시겠어요?

Will you dance with me?

윌 유 댄스 위드 미

☐ 인기가 있는 디스코텍은 어디입니까?

Where is a popular disco?

웨어리즈 어 파퓰러 디스코

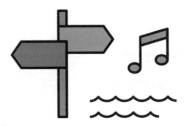

☑ 나는 여행을 좋아합니다.
I love traveling.
아이 러브 트레블링

☐ 여행은 즐거우셨나요?
Did you have a good trip?
디쥬　　　해버　　　굿　　　트립

☐ 어디로 휴가를 가셨어요?
Where did you go on vacation?
웨어　　　디쥬　　　고　온　　버케이션

> oversea는 [씨]를
> 강하고 길게 발음한다.

☐ 해외여행을 가신 적이 있습니까?
Have you ever traveled overseas?
해뷰　　　　에버　　트래블드　　　오버씨즈

☐ 그곳에 얼마나 머무셨습니까?
How long did you stay there?
하우　　롱　　디쥬　　　스테이데어

☐ 언젠가 세계일주를 하고 싶어요.
I want to go around the world someday.
아이 원투　　　고　어라운더　　　월드　　썸 데이

☐ 여행은 어땠어요?
How was your trip?

> trip은 [트립]과 [츄
> 립]의 중간으로 발음한다.

하우　　워쥬어　　　　트립

Chapter 06 문화생활에 대해서

어떤 음악을 좋아하는지 알고 싶을 때는 What kind of music do you like?(어떤 음악을 좋아하세요?)라고 물으십시오. 그리고 서로 음악을 좋아한다는 것을 알았다면 Shall we go to a concert next week?(다음 주에 콘서트에 가지 않을래요?)라고 권해 보십시오. 그림에 대해서는 Who's your favorite painter?(좋아하는 화가는 누구입니까?) 등으로 말합니다.

Unit 1 독서에 대해 말할 때

☑ 어떤 책을 즐겨 읽으십니까?

What kind of books do you like to read?

왓 카인돕 북스 두 유 라익투 리드

☐ 저는 손에 잡히는 대로 다 읽습니다.

I read everything I can get my hands on.

아이 리드 에브리씽 아이 캔 겟 마이 핸즈 온

☐ 한 달에 책을 몇 권 정도 읽습니까?

How many books do you read a month?

하우 메니 북스 두 유 리더 먼쓰

☐ 그 책은 처음부터 끝까지 다 읽었어요.

I read the book from cover to cover.

아이 리더 북 프럼 커버 투 커버

☐ 이 책은 지루해요.

This book bores me.

디스 북 보어즈 미

☑ 한번 훑어봤어요.
I gave it the once-over.
아이 게이빗 더 원스 오버

☐ 그녀는 책벌레입니다.
She is a bookworm.
쉬 이저 북웜

☐ 저는 항상 책을 가지고 다닙니다.
I'm always carrying a book.
아임 올웨이즈 캐링 어 북

☐ 좋아하는 작가는 누구입니까?
Who is your favorite author?
후 이쥬어 페이버릿 어써

author는 [어-]를 길게 발음해주고 [어써]와 [오떠]의 중간으로 발음한다.

☐ 요즘 베스트셀러는 무엇입니까?
What's the current bestseller?
왓츠 더 커런트 베스트쎌러

bestseller는 [베스트쎌러]의 느낌으로 발음하는데 [스] 발음 후 잠시 쉬는 듯하면서 살짝 [ㅌ] 소리를 내주고 [쎌러]를 연이어 발음하면 된다.

☐ 요즘 좋은 책 읽을 게 있나요?
Have you read any good books recently?
해뷰 레드 에니 굿 북스 리쎈트리

☐ 수필보다 소설을 좋아합니다.
I prefer novels to essays.
아이 프리퍼 나벌즈 투 에쎄이즈

prefer ~ to ...
...보다 ~을 좋아하다

☑ 오늘 신문을 보셨어요?

Have you seen today's paper?

해뷰 씬 투데이즈 페이퍼

☐ 그 사건은 일면에 났어요.

The story was on the front page.

더 스토리 워즈 온 더 프론트 페이지

> front는 [프론트]와 [후런트]의 중간으로 발음한다. page는 [지]의 모음 [이]는 생략한다는 느낌으로 발음한다.

☐ 그 사람 신문에 났더군요.

He was in the newspaper.

히 워즈 인 더 뉴스페이퍼

☐ 저는 기사 제목들만 봐요.

I read only the headlines.

아이 리드 온리 더 헤드라인스

☐ 어떤 잡지를 좋아합니까?

What kind of magazines do you like?

왓 카인돕 매거진스 두 유 라이크

☐ 자동차 잡지를 구독합니다.

I subscribe to a motor magazine.

아이 서브스크라입 투 어 모러 매거진

> magazine은 [매]의 모음 [애]를 강조해서 발음하고 [진] 부분도 역시 강조하는데 입 천정을 간지럽힌다는 느낌으로 소리를 울려주면서 발음한다.

☑ 어떤 텔레비전 프로그램을 좋아하십니까?
Which program do you enjoy most?
위치   프로그램   두 유   인조이   모스트

☐ 그게 언제 방송되죠?
When is it on?
웨니즈   이론

☐ 그것을 텔레비전으로 중계하나요?
Are they televising it?
아   데이   텔러바이징   잇

☐ 지금 텔레비전에서 무엇을 하죠?
What's on TV?
왓촌   티비

☐ 다음 프로가 무엇이죠?
What's on next?
왓촌   넥스트

> control은 [롤]에 강세를 두는데 [컨트롤]과 [컨추롤]의 중간으로 발음한다.

☐ 리모컨이 어디 있죠?
Where's the remote control?
웨어즈   더   리모트   컨트롤

☐ 텔레비전을 끌까요?
Shall we turn the TV off?
쉘   위   턴   더   티비 오프

> turn off 끄다 ↔ turn on 켜다

Unit 4 음악에 대해 말할 때

☑ 어떤 음악을 좋아하세요?

What kind of music do you like?

왓　카인돕　뮤직　두 유　라이크

☐ 어떤 종류의 음악을 들으세요?

What kind of music do you listen to?

왓　카인돕　뮤직　두 유　리슨　투

☐ 취미는 음악감상입니다.

My hobby is listening to music.

마이 하비즈　리스닝　투 뮤직

☐ 음악 듣는 것을 즐깁니다.

I enjoy listening to music.

아이 인조이 리스닝　투 뮤직

☐ 음악을 잘 몰라요.

I have no ear for music.

아이 해브 노 이어 포 뮤직

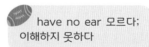

have no ear 모르다;
이해하지 못하다

☐ 좋아하는 가수가 누구예요?

Who is your favorite singer?

후　이쥬어　페이버릿　씽어

☐ 가장 좋아하는 노래는 무엇입니까?

What's your favorite song?

왓츄어　페이버릿　쏭

Part 5 일상생활의 화제 표현

☑ 그 음악은 내 취향에 맞지 않습니다.

That music is not to my taste.
댓　　뮤직　　이즈 낫　투 마이 테이스트

taste는 [테이스트]의 느낌으로 발음한다

☐ 어떤 악기를 연주하세요?

Which instrument do you play?
위치　　인스트러먼트　　두 유　　플레이

instrument는 [인]을 강조해서 발음하는데 [인스트러먼트]과 [인스츄러먼트]의 중간으로 발음한다.

☐ 저는 노래는 못해요.

I'm poor at singing.
아임 푸어랫　　씽잉

☐ 저는 음치입니다.

I'm tone-deaf.
아임 톤 데프

deaf는 [뎁]이라 발음한 후에 소리는 내지 않고 바람소리만 나게 [흐]라고 말하는 느낌으로 발음한다.

☐ 노래 한 곡 불러 주시겠어요?

Could you sing a song?
쿠쥬　　씽 어 쏭

☑ 저는 그림 그리기를 좋아합니다.
I like painting.
아이 라이크 페인팅

collections는 [렉]에 강세를 두고 발음한다.

☐ 저는 미술 작품 감상을 좋아합니다.
I enjoy looking at art collections.
아이 인조이 루킹   앳 아트 컬렉션스

☐ 그건 누구 작품이죠?
Who is it by?
후   이짓   바이

☐ 저는 수채화를 즐깁니다.
I enjoy watercolors.
oils 유화
아이 인조이 워러컬러즈

☐ 미술관에 자주 갑니다.
I often go to art galleries.
art는 [아(알)트]의 느낌으로 발음한다.
아이 오픈 고 투 아트 갤러리즈

☐ 어떻게 그림을 그리게 되셨습니까?
How did you start painting?
하우   디쥬   스타트 페인팅

☐ 정말 아름다운 작품인데요!
What a beautiful piece of work!
와러   뷰티풀   피솝   워크

☑ 저는 미술품 수집을 좋아합니다.
I like collecting art.
아이 라이크 콜렉팅　　　아트

☐ 좋아하는 화가는 누군가요?
Who's your favorite artist?
후쥬어　　　페이버릿　아티스트

artist는 [알티슷트]의 느낌으로 발음한다.

☐ 그림을 아주 잘 그리시군요.
You draw fairly well.
유　　드로우　페어리　웰

well은 [우웨어얼]을 빨리 발음하는 느낌으로 발음한다.

☐ 그거 정말 좋은데요.
It's so very nice.
잇츠 쏘　베리　나이스

☐ 멋진 그림이군요!
What a wonderful picture!
와러　　　원더풀　　　픽쳐

Unit 6 영화에 대해 말할 때

☑ 어떤 영화를 좋아하세요?

What kind of movies do you like?

왓　　카인돕　　무비즈　　두　유　　라이크

☐ 저는 영화광입니다.

I'm a film buff.

film은 [휘어음]과 [피어음]의 중간이라는 느낌으로 발음해준다.

아이머　필름　버프

☐ 어떤 종류의 영화를 즐겨 보십니까?

What kind of films do you enjoy watching?

왓　　카인돕　　필름스　두　유　　인조이　와칭

☐ 영화배우 중에서 누구를 가장 좋아하세요?

Who do you like best among movie stars?

후　　두　유　　라이크 베스트 어멍　　무비　　스타즈

among은 [어몽]과 [어멍]의 중간 발음이다.

☐ 영화를 자주 보러 갑니까?

Do you go to the movies very often?

두　유　고　투　더　　무비즈　　베리　오픈

☐ 그 영화의 주연은 누구입니까?

Who is starring in the movies?

후　　이즈 스타링　　인 더　　무비즈

☐ 극장에서 무엇을 상영하고 있나요?

What's on at the theater?

theater는 [씨어터]와 [띠어러]의 중간으로 발음해준다.

왓촌　　　　앳 더　　씨어터

Part 5 일상생활의 화제 표현

☑ 상영 기간은 언제까지입니까?

How long will it be running?

하우 롱 윌 잇 비 러닝

lately는 [레이트]까지 발음하고 잠시 쉬는 듯 하다가 [을리]를 이어서 발음해주면 된다.

☐ 최근에 본 영화는 무엇입니까?

Which movie have you seen lately?

위치 무비 해뷰 씬 레잇리

☐ 영화를 보러 가실래요?

Do you want to see a movie?

두 유 원투 씨 어 무비

☐ 오늘 밤에 영화를 보러 갑시다.

Let's go to the movies tonight.

렛츠 고 투 더 무비즈 투나잇

건강에 대해서

다이어트는 건강과 미용을 위해 매우 관심이 있는 일 중의 하나가 되었습니다. 미국에서도 다이어트를 위한 요리법이라든가 체중 감량을 위한 에어로빅 프로그램을 방송합니다. 그래서 Are you on a diet?(다이어트 중이세요?), I'm on a diet now.(저는 지금 다이어트 중입니다.) 라는 대화를 자주 듣게 됩니다. 체중 감량에 성공했을 때는 I lost weight.(체중이 줄었습니다.)라고 표현합니다.

Unit 1 건강에 대해 말할 때

☑ 운동을 많이 하십니까?
Do you get much exercise?
두 유 겟 마취 엑서싸이즈

> exercise는 [엑]을 강조해서 발음한다.

☐ 건강 유지를 위해 무엇을 하세요?
What do you do to stay healthy?
왓 두 유 두 투 스테이 헬씨

> healthy는 [헬씨]와 [헬띠]의 중간으로 발음한다.

☐ 저는 건강 상태가 아주 좋아요.
I'm in a fairly good shape.
아임 이너 페어리 굿 쉐입

☐ 나 무척 건강해.
I'm very healthy.
아임 베리 헬씨

> breath 역시 [브레쓰]와 [브레뜨]의 중간으로 발음한다. up은 stairs보다는 go에 붙여서 발음해야 한다.

☐ 계단을 오르면 숨이 차.
I get out of breath when I go up stairs.
아이 겟 아우롭 브레쓰 웨나이 고 업 스테어즈

☑ 술을 줄이려고 마음먹었어.

I'm trying to drink less.

아임 트롸잉　투 드링크　레스

☐ 담배를 끊었어.

I gave up smoking.

아이 게이법　스모킹

☐ 지금 다이어트 중이야.

I'm on a diet now.

아임 오너　다이엇 나우

☐ 몸에 이상이 있는 것 같아요.

Something must be wrong with me.

썸씽　머스트 비 롱　위드 미

☐ 저는 건강 상태가 별로 안 좋아요.

My health is not so good.

마이 헬쓰　이즈 낫 쏘 굿

☐ 요즘 그의 건강은 좋습니까?

Is he well these days?

이즈 히 웰　디즈　데이즈

☐ 요즘은 쉽게 피로해져요.

I easily get tired these days.

아이 이질리 겟　타이어드 디즈　데이즈

☑ 기분은 어때요?

How are you feeling?

하우   아유   필링

> feeling은 [ㅍ+휘이일링]처럼 길게 늘어뜨린다는 기분으로 발음한다.

☐ 힘이 없어 보여.

You don't look very well.

유   돈트   룩   베리   웰

☐ 괜찮아요? (기분이나 건강 상태 따위를 물을 때)

Are you all right?

아유   올   롸잇

> all right를 alright 로 써도 된다.

☐ 기분은 좀 좋아졌니?

Are you feeling better?

아유   필링   베터

☐ 안색이 안 좋아 보여.

You look pale.

유   룩   페일

☐ 잠시 쉬는 게 어떻겠니?

Why don't you lie down for a while?

와이   돈츄   라이 다운   포러   와일

☐ 약은 먹었니?

Have you taken any medicine?

해뷰   테이큰   에니   메디쓴

> medicine은 [메디쓴] 또는 [메리쓴]으로 발음한다.

Part 5 일상생활의 화제 표현

189

Chapter 08

스포츠와 레저에 대해서

미국사람들은 스포츠에 관심이 많으므로 스포츠를 화제거리로 삼으면 대화를 자연스럽게 진행할 수 있습니다. 그리고 그 스포츠를 하는 장소나 시간 등은 Where do you play tennis?(어디서 테니스를 칩니까?), When do you go swimming?(언제 수영하러 갑니까?)라고 물으면 됩니다.

Unit 1 스포츠에 대해 말할 때

☑ 좋아하는 스포츠가 뭡니까?

What's your favorite sport?

왓츄어 　　　　 페이버릿 　　 스포츠

☐ 운동하는 걸 좋아합니까?

Do you like to exercise?

두 유 　　 라익투 　　 엑서싸이즈

☐ 무슨 스포츠를 잘 하세요?

What sports are you good at?

왓 　　 스포츠스 　 아유 　　 굿 　　 앳

good at은 연음되면 [구우래트] 처럼 발음된다.

☐ 좋아하는 스포츠를 여쭤봐도 될까요?

May I ask your favorite sport?

메아이 　 애스큐어 　　　 페이버릿 　　 스포츠

☐ 저는 스포츠광입니다.

I'm a sports nut.

아이머 　 스포츠스 　 넛

☑ 당신은 얼마나 자주 운동을 하세요?
How often do you work out?
하우   오픈   두 유   워카웃

work out이 연음되어 [워(얼)카웃]으로 발음된다.

☐ 그는 운동신경이 발달되었습니다.
He's got good motor skills.
히즈   갓   굿   모러   스킬스

motor는 [모러]와 [머러]의 중간으로 발음한다.

☐ 나는 스포츠에 관심이 없습니다.
I'm not interested in sports.
아임   낫   인터레스티딘   스포츠

☐ 나는 겨울 스포츠를 좋아합니다.
I love winter sports.
아이 러브 윈터   스포츠스

love는 속으로 [을]이라고 발음을 하고 있다가 [러브]라고 발음해주면 더 정확하다. winter 는 [으윈터(얼)]이라는 느낌으로 발음한다.

☐ 나는 스포츠 중에 농구를 가장 좋아합니다.
I like basketball best of all sports.
아이 라이크 배스킷볼   베스톱   올   스포츠스

basketball은 [배스킷보올] 또는 [바아스킷보올]이라 발음되는데 [배]나 [바아]에 강세를 두고 발음한다

Part 5

일상생활의 화제 표현

191

☑ 어느 팀이 이길 것 같습니까?

Which team looks like it will win?

위치 　 팀 　 룩스 　 라이킷 　 윌 　 윈

☐ 점수가 어떻게 됐어요?

What's the score?

왓츠 　 더 　 스코어

☐ 누가 이기고 있죠?

Who's winning?

후즈 　 위닝

☐ 그 경기 누가 이겼죠?

Who won the game?

후 　 원 　 더 　 게임

☐ 그 경기는 무승부로 끝났어요.

The game ended in a tie.

더 　 게임 　 앤디드 　 이너 　 타이

☐ 그 축구경기 보셨어요?

Did you watch the soccer game?

디쥬 　 와취 　 더 　 싸커 　 게임

☐ 그 시합 볼만하던가요?

Was the game worth watching?

워즈 　 더 　 게임 　 워쓰 　 왓칭

> worth는 [워(얼)쓰]와 [워(얼)뜨]의 중간으로 발음한다.

✅ 시합 결과는 어떻게 되었나요?

How did the game turn out?

하우   디드 더   게임   턴   아웃

turn out 판명나다, 초래하다 / turn은 [트어(얼)언]의 느낌으로 발음한다.

☐ 우리는 2대 5로 패배했어요.

We lost the game 2 to 5.

위   로슷 더   게임   투 투 파이브

2 to 5는 [투우 터프+화이브]의 느낌으로 to는 약하게 발음한다.

☐ 스코어는 6대 6으로 비겼어요.

The score was tied, six to six.

더   스코어   워즈   타이드 씩스 투 씩스

☐ 경기는 무승부로 끝났습니다.

The game ended in a tie.

더   게임   앤디드   이너 타이

☐ 막상막하의 경기였습니다.

It was neck and neck.

잇 워즈   넥   앤   넥

neck and neck 막상막하

☑ 오늘밤 그 경기가 텔레비전에 중계됩니까?
Is the game on tonight?
이즈 더 게임　　온 투나잇

□ 언제 중계됩니까?
When is it on?
웨니즈　　이론

□ 이 게임은 실황중계입니까?
Is this game live?
이즈 디스 게임　　라이브

□ 당신은 어느 팀을 응원하고 있지요?
What team are you pulling for?
왓　　팀　　아유　　풀링　　포

□ 그 축구경기 보셨어요?
Did you watch the soccer game?
디쥬　　와취　　더　　싸커　　게임

□ 지금 몇 회입니까? (야구 따위의 구기 종목)
What inning is it?
왓　　이닝　　이짓

□ 그 선수 타율이 어떻습니까?
What is the player's batting average?
와리즈　　더　　플레이어스　　배링　　애버리쥐

average는 [애]에
강세를 두고 발음한다.

☑ 골프 치는 것을 좋아하세요?

Do you like playing golf?

두 유 라이크 플레잉 골프

golf는 [골프+ㅎ]와
[걸프+ㅎ]의 중간 느낌으로
발음한다.

☐ 핸디가 얼마입니까?

What's your handi(cap)?

왓츄어 핸디(캡)

☐ 테니스를 무척 좋아합니다.

I'm crazy about tennis.

아임 크레이지 어바웃 테니스

☐ 몇 세트로 승부할까요?

How many sets should we play?

하우 메니 셋츠 슈드 위 플레이

☐ 수영하러 갑시다.

Let's go swimming.

렛츠 고 스위밍

☐ 어떤 영법을 좋아하십니까?

What style of swimming do you like best?

왓 스타일 오브 스위밍 두 유 라이크 베스트

☐ 얼마나 멀리 헤엄칠 수 있습니까?

How far can you swim?

하우 파 캔 유 스윔

far는 [파]와 [화]의
중간으로 발음하는데 길
게 늘어뜨려 발음한다.

☑ 저는 수영을 잘 못합니다.

I am a poor swimmer.

아이 에머 푸어　스위머

☐ 저는 수영을 아주 잘 합니다.

I swim like a fish.

아이 스윔　라이커 피쉬

> fish의 발음 끝에 [쉬]의 모음 [이]는 생략해서 발음하도록 한다.

☐ 저는 물에서 맥주병입니다.

I am a beer bottle in the water.

아이 에머 비어　바틀　인 더　워러

☐ 스키를 좋아하세요?

Do you enjoy skiing?

두　유　인조이　스킹

☐ 저는 스키를 잘 탑니다.

I'm a good skier.

아이머 굿 스키어

> skiing은 [스끼이잉]처럼 눌러서 길게 늘어뜨려 발음한다.

☐ 스키에는 관심이 없습니다.

I have no interest in skiing.

아이 해브 노　인터레스티딘　스킹

☐ 매일 아침 조깅하러 갑니다.

I go jogging every morning.

아이 고 쟈깅　에브리　모닝

> morning은 [모오(얼)닝]의 느낌으로 발음한다.

Chapter 09 날씨와 계절에 대해서

매일 날씨에 관해서 How's the weather today?(오늘 날씨 어때요?)라고 묻는다면 It's fine.(맑아요.)라는 기본적인 형태를 기억해 둡시다. 뒤의 fine를 바꿔서 cool(시원하다), cold(춥다), freezing(얼어붙을 것 같다), warm(따뜻하다), hot(덥다), burning(무척 덥다)등 처럼 한낮에 관한 말이나, raining(비가 오다), snowing(눈이 내리다), cloudy(흐리다) 등을 넣어서 응용할 수 있도록 합시다.

Unit 1 날씨를 물을 때

☑ 오늘 날씨 어때요?
What's the weather like today?
왓츠 　 더 　 웨더 　 라이크 투데이

> today는 [터데이]에 가깝도록 [데이]에 강세를 줘서 발음한다.

□ 그곳 날씨는 어떻습니까?
What's the weather like there?
왓츠 　 더 　 웨더 　 라이크 데어

□ 바깥 날씨는 어떻습니까?
How is the weather out there?
하우 　 이즈 더 　 웨더 　 아웃 데어

□ 날씨가 참 좋죠?
Isn't it a wonderful day?
이즌니러 　 원더풀 　 데이

> kind of는 [카인돕]과 [카인덥]의 중간으로 발음한다

□ 이런 날씨 좋아하세요?
Do you like this kind of weather?
두 유 　 라이크 디스 카인돕 　 웨더

✓ 오늘은 날씨가 화창하군요.

It's a beautiful day today.

잇쳐　뷰티풀　데이　투데이

□ 햇볕이 좋아요.

It's sunny.

잇츠 써니

> it's는 거의 [잇쩌]에 가까운 소리가 나도록 발음한다. beautiful은 첫소리를 [비유-]처럼 강하고 길게 발음하고 [비유-러프+휠]로 발음해도 좋다

□ 맑아요.

It's clear.

잇츠　클리어

□ 따뜻해요.

It's warm.

잇츠 웜

□ 건조해요.

It's dry.

잇츠 드라이

□ 시원해요.

It's cool.

잇츠 쿨

□ 눅눅해요.

It's humid.

잇츠 휴미드

> humid는 [휴미드]의 느낌으로 [휴]에 강세를 두고 길게 발음한다.

☑ 더워요.

It's hot.

잇츠 핫

□ 푹푹 찌는군요!

What a scorcher!

와러 　　　스코쳐

> scorcher는 [스콜(얼)
> 춰]와 [스꼴(얼)춰]의 중간
> 으로 발음한다

□ 찌는 듯해요.

It's boiling.

잇츠 보일링

□ 이 안은 무척 덥군요.

It sure is hot in here.

잇 슈어리즈 　 핫 　 인 히어

> hot에 문장 전체의
> 강세를 두고 말한다

□ 추워요.

It's cold.

잇츠 콜드

> cold는 [코올드]의 느
> 낌으로 발음한다.

□ 얼어붙듯이 추워요.

It's freezing.

잇츠 프리징

□ 날씨가 점점 추워지고 있어요.

It's getting colder and colder.

잇츠 게링 　　 콜더 　 앤 　 콜더

☑ 비가 와요.
It's raining.
잇츠 레이닝

☐ 억수같이 퍼부어요.
It's pouring.
잇츠 푸어링

> pouring은 [포-어링]처럼 길게 발음해준다

☐ 비가 많이 와요.
It's wet.
잇츠 웻

☐ 날씨가 정말 우중충하군요.
It's lovely weather for ducks.
잇츠 러블리   웨더   포   덕스

☐ 비가 오락가락 하는군요.
It is raining on and off.
이리즈 레이닝   온 앤 오프

> on and off는 연음되어 [오내너프] 또는 [어내너프] 처럼 발음된다.

☐ 비가 올 것 같으니 우산을 가지고 가세요.
Since it looks like rain, take your umbrella.
씬스   잇 룩스   라이크 레인   테이큐어   엄브랠러

☐ 이제 비가 그쳤습니까?
Has the rain stopped yet?
해즈 더 레인 스탑트   옛

☑ 눈이 와요.
It's snowing.
잇츠 스노윙

snowing은 [스노우잉]의 느낌으로 발음한다

☐ 함박눈이 내려요.
It's snowing heavily.
잇츠 스노우잉 헤빌리

☐ 눈이 올 것 같은 날씨예요.
It looks like snow.
잇 룩스 라이크 스노우

☐ 눈이 펑펑 쏟아져요.
The snow is really coming down.
더 스노우 이즈 리얼리 커밍 다운

☐ 안개 때문에 아무것도 안 보여요.
I can't see anything because of the fog.
아 캔트 씨 에니씽 비커줍 더 포그

☐ 바람이 세차게 부는군요!
How it blows!
하우 잇 브로우즈

☐ 폭풍이 불어요.
It's stormy.
잇츠 스토미

stormy는 [스토오(ㄹ)미]처럼 길게 발음해준다.

☑ 일기예보를 확인해 보세요.

Check the weather report.
체더   웨더   리포트

☐ 일기예보는 오늘밤이 어떨 거라고 합니까?

What's the weather forecast for tonight?
왓츠   더   웨더   포캐스트   포   투나잇

☐ 주말 일기예보는 어떻습니까?

What's the weather forecast for the weekend?
왓츠   더   웨더   포캐스트   포   더   위켄드

☐ 일기예보가 또 틀렸군요.

The weatherman was wrong again.
더   웨더맨   워즈   롱   어게인

☐ 오늘 오후에는 아마 개일 것입니다.

It'll probably clear up this afternoon.
잇윌   프라버블리   클리어럽   디스   애프터눈

☑ 어느 계절을 가장 좋아하세요?

Which season do you like best?

위치   씨즌   두 유   라이크 베스트

best는 [베스트]의
느낌으로 발음한다

☐ 일년 내내 봄날이라면 좋겠어요!

I wish spring lasted all year!

아이 위쉬 스프링   래스티드 올 이어

all은 [어얼]을
자연스럽게 이어서
말하듯 발음한다.

☐ 이곳의 봄을 좋아하세요?

How do you like the spring here?

하우   두 유   라익더   스프링   히어

August는 [오거
스트]와 [어거스트]의
중간으로 발음한다.

☐ 한국에서 7월과 8월은 무척 더워요.

July and August in Korea are so hot.

줄라이 앤   오거스트   인 코리어   아 쏘 핫

☐ 저는 더위를 잘 타요.

I'm very sensitive to heat.

아임 베리 쎈서티브   투 히트

heat는 [히이잇트]의
느낌으로 길게 늘어뜨린다.

☐ 비가 많이 오는 계절은 싫어합니다.

I don't like the wet season.

아이 돈트 라익더   웻   씨즌

☑ 정말 더위는 이제부터예요.
The hottest season is yet to come.
더 하티스트 씨즌 이즈 옛 투 컴

> hottest는 [하리스트]처럼 발음되기도 한다.

☐ 날씨가 참 서늘하군요.
It's so nice and cool.
잇츠 쏘 나이스 앤 쿨

> cool은 [쿠우울]처럼 길게 발음한다

☐ 가을은 운동과 독서의 계절입니다.
Autumn is a good season for sports and reading.
오텀 이저 굿 씨즌 포 스포츠스 앤 리딩

☐ 겨울이 다가오는 것 같아요.
I think winter is on its way.
아이 씽크 윈터 이즌 잇츠 웨이

☐ 겨울에서 봄이 되었습니다.
Winter changed to spring.
윈터 체인지드 투 스프링

Chapter 10

시간과 연월일에 대해서

시각, 요일, 연월일 등의 시간에 관한 표현은 일상 생활에서 언제든지 어디서든지 입에서 바로 술술 나올 수 있도록 합시다. 시간을 물을 때는 What time is it now?(지금 몇 시죠?), 요일을 물을 때는 What day is it today?(오늘이 무슨 요일이죠?), 날짜를 물을 때는 What date is it today?(오늘은 며칠이죠?), 월을 물을 때는 What month is it?(몇 월이죠?)라고 하면 됩니다.

Unit 1 시각을 물을 때

☑ 지금 몇 시죠?

What time is it now?

왓   타임   이짓   나우

> time은 [타임] 중 모음 [아이] 소리를 강조해서 발음한다.

☐ 몇 시입니까?

Can you tell me the time?

캔   유   텔   미   더   타임

> 다른 표현으로는 Do you have the time?, Have you got the time?이 있다.

☐ 몇 시쯤 됐을까요?

I wonder what time it is?

아이 원더   왓   타임   이리즈

☐ 지금이 몇 시라고 생각하십니까?

What time do you think it is?

왓   타임   두 유   씽크   이리즈

☐ 정확히 몇 시입니까?

What's the exact time?

왓츠   더   이그잭트 타임

> 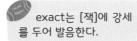 exact는 [잭]에 강세를 두어 발음한다.

Part 5 일상생활의 화제 표현

☑ 오전 7시입니다.

It's 7 o'clock in the morning.

잇츠 세븐 어클락   인 더   모닝

quarter는 [쿼러]
로 발음하는 경우도 많다

☐ 오전 8시 15분입니다.

It's a quarter after 8 in the morning.

이쳐   쿼터   애프터 에잇 인 더   모닝

☐ 오후 2시 반입니다.

It's 2:30(two thirty) in the afternoon.

잇츠 투 써리   인 디   애프터눈

☐ 오후 8시 10분전입니다.

It's 10 minutes to 8 in the evening.

잇츠 텐 미닛츠   투 에잇 인 디 이브닝

☐ 아직 7시밖에 안 되었어요.

It's still only seven o'clock.

잇츠 스틸 온리 세븐   어클락

☐ 6시 반이 다 되어갑니다.

It's almost 6:30(six thirty).

잇츠 올모스트   씩스 써리

☐ 5시 반 정도 된 것 같아요.

I guess it's around 5:30(five thirty).

아이 게쓰   잇츠 어라운드   파이브 써리

☑ 어디 보자. 10시 30분입니다.

Let's see. It's 10:30.

렛츠 씨 잇츠 텐 써리

☐ 4시 15분입니다.

It's a quarter past four.

잇쳐 쿼러 패스트 포

☐ 정각 3시입니다.

It's exactly three o'clock.

잇츠 이그잭트리 쓰리 어클락.

exactly는 [이그잭]까지 발음하고 잠시 멈추는 듯하다가 [을리]라고 연이어서 발음해준다

☐ 30분 후에(지나서).

In 30 minutes.

인 써리 미닛츠

☐ 15분 후에(지나서).

In a quarter of an hour.

이너 쿼러 어번 아워

☑ 거기에 가는 데 얼마나 걸립니까?
How long does it take to get there?
하우 롱 더짓 테익투 겟 데어

☐ 몇 시에 개점(폐점)합니까?
What time do you open(close)?
왓 타임 두 유 오픈(클로우즈)

☐ 이제 가야 할 시간입니다.
It's about time to go.
잇츠 어바웃 타임 투 고

☐ 천천히 하세요.
Take your time.
테이큐어 타임

☐ 잠시도 지체할 틈이 없습니다.
I have no time to lose.
아이 해브 노 타임 투 루즈

> lose는 [루우우즈]처럼 길게 발음한다.

☐ 시간이 어떠세요?
How's the time?
하우즈 더 타임

☐ 시간이 없는데요.
I'm in a hurry.
아임 이너 허리

☑ 몇 년도에 태어나셨어요?

What year were you born?

왓　　이어　워　유　본

□ 몇 월이죠?

What month is it?

왓　먼쓰　이짓

□ 여기에 온 지 석 달입니다.

It's three months since I came here.

잇츠 쓰리　먼쓰　씬스　아이 케임　히어

> 25th는 [투웬티 ㅍ+힙씨]의 느낌으로 발음하고 [투웨니 ㅍ+힙씨]로 발음해줘도 좋다.

□ 8월 25일까지 끝낼 수 있습니까?

Can you finish it by August 25th?

캔　유　피니쉬 잇　바이 오거스트　투웨니핍쓰

□ 오일은 6개월마다 교환해 주십시오.

Change the oil every six months.

체인쥐　디　오일 에브리　씩스 먼쓰

> today는 to는 약하게 day를 강하게 [터데이]라고 발음한다.

□ 오늘이 무슨 요일이죠?

What day is it today?

왓　데이 이짓 투데이

□ 보통 월요일에서 금요일까지 영업합니다.

Usually, we're open Monday through Friday.

유주얼리　위아　오픈　먼데이　쓰루　프라이데이

☑ 오늘이 며칠이죠?
What's the date today?
왓츠　　　더　　데이트 투데이

다른 표현으로는 What's today's date?이 있다.

☐ 날짜가 언제입니까?
What's the date?
왓츠　　　더　　데이트

☐ 오늘이 무슨 날이죠?
What's the occasion?
왓츠　　　더　　어케이젼

occasion은 [케이] 에 강세를 두고 발음한다.

☐ 오늘이 무슨 특별한 날입니까?
What special day is today?
왓　　스페셜　　데이 이즈 투데이

start는 [스타(알)트] 의 느낌으로 발음한다.

☐ 우리 휴가가 며칠부터 시작이죠?
What date does our vacation start?
왓　　데이트 더즈　아워　버케이션　　스타트

☐ 며칠에 태어났어요?
What date were you born?
왓　　데이트 워　유　본

Chapter 11

미용과 세탁에 대해서

우리와는 달리 영미권에서는 이발소나 미용실에 가기 전에 미리 예약을 하고 가는 것이 일반적입니다. 이발소(barbershop)에 가면 이발사가 How should I style it?(어떤 스타일로 해 드릴까요?) 라고 묻습니다. 이 때 자신이 원하는 헤어스타일을 말해야 합니다. 따라서 면도를 할 것인지, 이발만 할 것인지, 머리는 감을 것인지, 드라이를 할 것인지 특별히 원하는 것을 말하지 않으면 커트만 해줍니다.

Unit 1 이발소에서

☑ 이발을 하려고 합니다.

I need a haircut.

아이 니더   헤어컷

☐ 이발만 해 주세요.

Haircut only, please.

헤어컷   온리   플리즈

☐ 어떤 스타일로 해 드릴까요?

How should I style it?

하우   슈다이   스타일릿

> style은 단독으로는 [스타이얼]로 발음되는데 style it은 연음되어 [스타일릿]으로 발음된다.

☐ 머리카락을 조금 잘라 주시겠어요?

Will you thin it out a little?

윌   유   씬니라웃   어 리틀

> thin it out은 연음되어 [씬니라웃]처럼 발음되고 머리숱을 쳐내는 것을 말한다.

☐ 윗머리는 어떻게 해 드릴까요?

How about the top?

하우   어바웃   더   탑

☑ 너무 짧지 않도록 해 주세요.

Not too short, please.

낫　　투　　숏　　　플리즈

☐ 면도는 하시겠어요?

Would you like a shave?

우쥬　　　　　라이커　　쉐이브

☐ 면도를 해 주세요.

Give me a shave, please.

깁미　　　　어 쉐이브　　　플리즈

☐ 머리 좀 감겨 주세요.

I want a shampoo, please.

아이 워너　　　샴푸　　　　플리즈

> shampoo는 [샴푸우]처럼 길게 늘어뜨려 발음한다.

☐ 그냥 드라이기로 말려 주세요.

Just blow-dry it, please.

저스트　브로우　　드롸이 잇 플리즈

> just는 [저슷ㅌ]의 느낌으로 발음한다

☐ 이발하셨어요?

Did you get a haircut?

디쥬　　　　게러　　　헤어컷

☑ 지금과 같은 머리 모양으로 해 주세요.

Follow the same style, please.

팔로우 더 쎄임 스타일 플리즈

☐ 커트해 주세요.

I'd like a cut.

아이드 라이커 컷

> follow는 [ㅍ+활로우]의 느낌으로 발음하는데 [ㅍ+홀로우]로 발음하는 경우도 있다.

☐ 어느 정도 자를까요?

How would you like your hair cut?

하우 우쥬 라이큐어 헤어 컷

☐ 옆을 좀 더 잘라 주세요.

Please cut a little more off the sides.

플리즈 커러 리틀 모어 오프 더 싸이즈

☐ 샤기컷으로 해 주세요.

I'd like a shaggy cut.

아이드 라이커 섀기 컷

☐ 샴푸와 세트를 해 주세요.

I'd like to have my hair washed and set.

아이드 라익투 해브 마이 헤어 와쉬드 앤 셋

☐ 끝을 다듬어 주시겠어요?

Could you trim around the edges?

쿠쥬 트림 어라운디 에쥐스

> the는 모음으로 시작하는 edges 앞이라 [디]로 발음된다.

☑ 어깨까지 길게 해 주세요.
Shoulder-length, please.
쇼울더 렝쓰   플리즈

length는 [렝쓰]와 [렝뜨]의 중간으로 발음한다.

☐ 파마를 해 주세요.
A permanent, please.
어 퍼머넌트   플리즈

☐ 가볍게 파마를 해 주세요.
I'd like a gentle permanent.
아이드 라이커 젠틀   퍼머넌트

☐ 머리를 염색을 하고 싶습니다.
I'd like to have my hair dyed, please.
아이드 라익투   해브   마이 헤어   다이드   플리즈

☑ 이 양복을 다림질 좀 해 주세요.

I'd like to have this suit pressed, please.

아이드 라익투 해브 디스 슈트 프레스트 플리즈

☐ 이 셔츠에 있는 얼룩을 좀 제거해 주시겠어요?

Could you remove the stain on this shirt?

쿠쥬 리무브 더 스테인 온 디스 셔츠

> remove는 [뤼무ㅂ]의 느낌으로 [브]의 모음 [으]는 생략한다는 기분으로 발음한다. shirt는 [셔(얼)ㅌ]의 느낌으로 발음한다

☐ 언제 찾아갈 수 있죠?

How soon can I get it back?

하우 쑨 캔 아이 게릿 백

☐ 언제 다 됩니까?

When will it be ready?

웬 윌 잇 비 레디

☐ 이 코트를 수선해 주시겠어요?

Could you mend this coat?

쿠쥬 멘드 디스 코우트

> coat는 [코우ㅌ]로 발음한다.

☐ 옷 길이 좀 줄여 주세요.

Please have my dress shortened.

플리즈 해브 마이 드레스 쇼튼드

☐ 세탁비는 얼마예요?

What's the charge for cleaning?

왓츠 더 챠지 포 크리닝

> cleaning은 [클리닝]과 [크리닝]의 중간으로 발음한다.

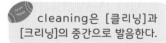

음주와 흡연에 대해서

술집에서 What would you like to drink?(무엇을 마시겠습니까?)라고 묻는다면 I drink draft beer.(나는 생맥주를 마시겠습니다.) 등으로 대답하고 I like it very much.(무척 좋아합니다.)라고 말해 보십시오. 또한 술이 취했을 때는 무리하게 마시지 말고 No, thank you.(이제 됐습니다.), I can't drink any more.(더 이상 못 마시겠습니다.), I got drunk.(취했습니다.)라고 말하면 됩니다.

Unit 1 술을 권할 때

☑ 술 한 잔 하시겠어요?

Would you care for a drink?

우쥬　　　　　케어　포러　드링크

drink는 [드링ㅋ]처럼 끝에 [ㅋ] 발음을 살짝 해준다.

☐ 오늘밤 한 잔 하시죠?

How about having a drink tonight?

하우　어바웃　해빙　　어 드링크　투나잇

☐ 한 잔 사고 싶은데요.

Let me buy you a drink.

렛　미　바이　유　　어 드링크

☐ 술 마시는 걸 좋아하세요?

Do you like to drink?

두　유　라익투　드링크

여기서 place는 house로 바꿀 수 있다.

☐ 저희 집에 가서 한 잔 합시다.

Let's go have drink at my place.

렛츠　고　해브　드링크　앳 마이 플레이스

☑ 건배합시다!

Let's have a toast!

렛츠   해버   토우스트

> toast는 [토우스트]의 느낌으로 발음한다. Bottoms up!으로 표현할 수도 있다.

☐ 건배!

Cheers!

치어즈

> cheers는 [취이얼즈]를 빠르게 발음한다 생각하고 말한다.

☐ 건배!(행운을 빕니다!)

Happy landings!

해피   랜딩스

☐ 우리들의 건강을 위해!

To our health!

투   아워   헬쓰

☐ 여러분 모두의 행복을 위해!

To happiness for all of you!

투   해피니스   포   올   올러뷰

> all은 [오얼]의 느낌으로 발음한다.

☑ 제가 한 잔 따라 드리겠습니다.
Let me pour you a drink.
렛 미 포어 유아 드링크

☐ 마시면서 얘기 나눕시다.
Let's have a talk over drinks.
렛츠 해버 토크 오버 드링스

☐ 2차 갑시다!
Let's go another round!
렛츠 고 어나더 라운드

round는 [라운드]처럼 끝에 살짝 [ㄷ] 발음을 해준다.

☐ 당신 취했군요.
You are drunk.
유아 드렁크

drunk는 [드뤄ㅇ크]의 느낌으로 굴려준다

☐ 제가 내겠습니다.
It's on me, please.
잇츠 온 미 플리즈

on은 [온]과 [언]의 중간으로 발음한다. This is my treat.로 표현할 수도 있다.

☐ 이 맥주 맛 끝내주는데요.
This beer hits the spot.
디스 비어 힛츠 더 스팟

☐ 이 술은 뒷맛이 안 좋아요.
This liquor leaves a nasty aftertaste.
디스 리커 리브저 내스티 애프터테이스트

leaves는 [리이브즈]로 길게 발음한다. nasty는 [내]에 강세를 두고 발음한다.

218

☑ 평소에 어느 정도 마십니까?

How much do you usually drink?

하우   마취   두 유   유주얼리   드링크

☐ 저는 술고래입니다.

I'm a heavy drinker.

아이머   헤비   드링커

> single은 [씽그얼]을 빨리
> 말한다는 느낌으로 발음한다

☐ 저는 한 잔만 마셔도 얼굴이 빨개져요.

A single cup of wine makes me flushed.

어 씽글   컵   오브 와인   메익스   미   플러쉬드

☐ 나는 술을 천천히 마시는 편입니다.

I like to nurse my drinks.

아이 라익투 너스   마이 드링스

> nurse는 [너(얼)스]의
> 느낌으로 발음한다

☐ 어느 정도 술을 마시러 갑니까?

How often do you go out drinking?

하우   오픈   두 유   고 아웃   드링킹

☐ 술이라면 무엇이든 가리지 않습니다.

He's addicted to alcohol of any type.

히즈   어딕티드   투 앨커홀   오브 에니 타입

> addicted는 [딕]에 강세를 두고 발음하고
> alcohol은 [앨]에 강세를 두고 발음한다.

☐ 숙취는 없습니까?

Don't you get hangovers?

돈츄   겟   행오버스

☑ 알코올은 입에 대지 않기로 했습니다.

I don't touch alcohol.

아이 돈트　타취　　앨커홀

☐ 의사가 술을 마시면 안 된다고 했습니다.

I can't drink. Doctor's orders.

아이 캔트　드링크　닥터스　　　오더즈

☐ 술을 끊는 것이 좋겠습니다.

I advise you to quit drinking.

아이 어드바이스 유　투 큇　　드링킹

☐ 술을 끊었습니다.

I gave up drinking.

아이 게이법　　드링킹

☑ 담배 한 대 피우시겠습니까?

Would you care for a cigarette?

우쥬　　　　　케어　포러　　씨거레트

> cigarette은 [렛]에 강세를 두고 [씨거렛트] 처럼 발음한다.

☐ 불을 빌려 주시겠습니까?

Could I have a light, please?

쿠다이　　해버　　　라이트　플리즈

> 여기서 the는 모음으로 시작되는 ashtray 앞에 있으므로 [디]로 발음된다. ashtray는 [애쉬트레이]와 [애쉬츄레이]의 중간으로 발음한다.

☐ 재떨이를 집어 주시겠어요?

Will you pass me the ashtray?

윌　유　패쓰　미　더　　애쉬트레이

☐ 아버지는 애연가입니다.

My father is a heavy smoker.

마이 파더　　　이저　헤비　　　스모커

☐ 하루에 어느 정도 피웁니까?

How many do you smoke a day?

하우　메니　　두 유　　스모커　　　데이

> smoke a는 연음되어 [스모커] 처럼 발음된다

☐ 담배를 피워도 되겠습니까?

Do you mind if I smoke?

두　유　　마인드　이파이 스모크

☐ 여기서 담배를 피울 수 있습니까?

Can I smoke here?

캔　　아이 스모크　히어

> smoke here은 연음되어 [스목키어리] 처럼 발음된다.

Part 5 일상생활의 화제 표현

☑ 담배를 끊으셔야 해요.

You've got to give up smoking.

유브 갓 투 기법 스모킹

☐ 당신은 담배를 너무 피워요. 몸에 안 좋은지 알아요?

You smoke too much. It isn't good for you, you know.

유 스모크 투 마취 잇 이즌트 굿 포 유 유 노우

☐ 2년 전에 담배를 끊었습니다.

I gave up smoking two years ago.

아이 게이법 스모킹 투 이어즈 어고우

☐ 당신이 담배를 끊으면 좋겠어요.

I want you to stop smoking.

아이 원츄 투 스탑 스모킹

☐ 담배를 끊었어.

I gave up smoking.

아이 게이법 스모킹

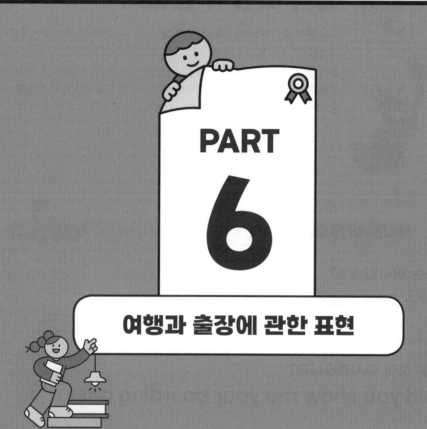

PART

6

여행과 출장에 관한 표현

외국으로의 여행은 그 자체만으로 가슴을 설레게 합니다. 막연하게 아무런 준비 없이 여행이나 출장을 떠나는 것보다는 기본적인 영어 회화를 익혀두어야 함은 물론이고, 또한 여행 계획을 잘 짜두어야 훨씬 안전하고 즐거운 여행을 할 수 있습니다. 따라서 이 장에서는 여행 시 필요한 숙박, 쇼핑, 관광 등에 관한 다양한 표현을 배울 수 있습니다.

Chapter 01

출국 비행기 안에서

한국에서 출발하는 항공회사(airline/carrier)의 편(flight)에는 대개 한국인 승무원이 탑승하고 있어서 말이 통하지 않아도 큰 불편은 없습니다. 비행기를 처음 타거나 배정된 좌석을 찾기 힘들 땐 항상 스튜어디스에게 도움을 청하면 됩니다. 만약 외국비행기에 탑승했을 경우 의사소통이 어렵더라도 좌석권을 스튜어디스에게 보여 주기만 하면 직원들이 알아듣고 서비스를 제공해줍니다.

Unit 1 좌석을 찾을 때

☑ 제 자리는 어디입니까?

Where's my seat, please?
웨어즈 　　마이 씨트 　　플리즈

☐ 탑승권을 보여 주시겠습니까?

Would you show me your boarding pass?
우쥬 　　쇼 　미 　유어 　보딩 　　패스

☐ 미안합니다, 지나갈게요.

Excuse me, I'd like to get through.
익스큐즈 　미 　아이드 라익투 겟 　쓰루

☐ 여기는 제 자리인데요.

I think this is my seat.
아이 씽크 디씨즈 　마이 씨트

☐ (옆 사람에게) 자리를 바꿔 주시겠습니까?

Could I change seats?
쿠다이 　체인지 　싯츠

Could I[쿠드 아이]는 연음이 되어 [쿠다이]로 발음한다.

224

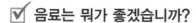 Unit **2** 기내 서비스를 받을 때

☑ 음료는 뭐가 좋겠습니까?

What would you like to drink?

왓　　　우쥬　　　　　라익투　　　드링크

☐ 어떤 음료가 있습니까?

What kind of drinks do you have?

왓　　　카인돕　　　드링스　　두　유　　　해브

☐ 콜라는 있습니까?

Do you have coke?

두　유　　　해브　　　코크

☐ 맥주를 주시겠습니까?

Can I have a beer?

캔　　　아이 해버　　　비어

☐ 베개와 모포를 주시겠어요?

May I have a pillow and a blanket, please?

메아이　　해버　　　　필로우　　앤더　　　브랭킷　　　　플리즈

☐ 한국어 신문은 있습니까?

Do you have any Korean newspapers?

두　유　　　햅에니　　　　코리언　　　뉴스페이퍼즈

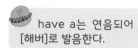 have a는 연음되어
[해버]로 발음한다.

☐ 식사는 언제 나옵니까?

What time do you serve the meal?

왓　　　타임　　두 유　　써브　　　더　　밀

Part 6 여행과 출장에 관한 표현

225

☑ 소고기와 닭고기가 있는데, 어느 것으로 하시겠습니까?
Would you like beef or chicken?
우쥬   라이크 비프   오어 취킨

> beef or chicken[비프 오어 취킨]을 빨리 말하면 before chicken[비포 취킨]처럼 들리기도 한다.

☐ 식사는 필요 없습니다.
I don't feel like eating dinner.
아이 돈트 필   라이크 이팅   디너

☐ 식사는 다 하셨습니까?
Are you through with your meal?
아유   쓰루   위쥬어   밀

☐ 기내에서 면세품을 판매합니까?
Do you sell tax-free goods on the flight?
두 유 셀 텍스프리   굿즈   온 더   플라이트

☐ 한국 돈은 받습니까?
Do you accept Korean Won?
두 유 억셉트   코리언   원

☐ 이것은 입국카드입니까?
Is this the immigration form?
이즈 디스 더   이미그레이션   폼

> 출국카드 embarkation card

☐ 이 서류 작성법을 가르쳐 주시겠어요?
Could you tell me how to fill in this form?
쿠쥬   텔 미 하우 투 필 인 디스 폼

☑ 비행기 멀미약은 있습니까?

Do you have medicine for air-sickness?

두 유 해브 메디쓴 포 에어씨크니스

☐ 몸이 좀 불편합니다. 약을 주시겠어요?

I feel a little sick. Can I have some medicine?

아이 필러 리틀 씨크 캔 아이 해브 썸 메디쓴

☐ 비행은 예정대로 입니까?

Is this flight on schedule?

이즈 디스 플라이트 온 스케쥴

☐ 현지시간으로 지금 몇 시입니까?

What is the local time?

와리즈 더 로컬 타임

> local time 현지
> 시간 ↔ home time
> 거주지역 시간

☑ 이 공항에서 어느 정도 머뭅니까?

How long will we stop here?

하우   롱   윌   위   스탑   히어

☐ 환승 카운터는 어디입니까?

Where's the transfer counter?

웨어즈   더   트랜스퍼   카운터

☐ 탑승수속은 어디서 하면 됩니까?

Where do I check in?

웨어   두   아이 체킨

> check in은 숙박이나 공항 등의 수속을 의미한다.

☐ 환승까지 시간은 어느 정도 있습니까?

How long is the layover?

하우   롱   이즈 더   레이오버

☐ 탑승은 몇 시부터 시작합니까?

When do we board?

웬   두 위   보드

Chapter 02

공항에 도착해서

목적지 공항에 도착하면 먼저 ARRIVAL, TO THE CITY 또는 ENTRY 등의 표시를 따라 Immigration 또는 Passport Control을 향해서 가면 입국심사 카운터에 도착합니다. 기내에서 작성한 입국카드와 여권을 심사관에게 보입니다. 입국심사가 끝나면 BAGGAGE CLAIM의 표시를 따라서 갑니다. 짐을 찾으면 CUSTOMS의 표시를 따라 세관으로 가서 여권과 세관신고서를 담당에게 보여 주고 통과를 기다리면 됩니다.

Unit 1 입국수속을 밟을 때

☑ 여권을 보여 주시겠습니까?

(May I see) Your passport, please?

(메아이 씨)   유어   패스포트   플리즈

☐ 입국 목적은 무엇입니까?

What's the purpose of your visit?

왓츠   더   퍼포즈   어뷰어   비지트

☐ 얼마나 체류하십니까? (체류 기간)

How long are you staying?

하우   롱   아유   스테잉

> business 사업,
> vacation 휴가,
> studying 공부,
> sightseeing 관광,
> conference 회의

☐ 어디에 머무십니까?

Where are you staying?

웨어라유   스테잉

☐ ○○호텔에 머뭅니다.

I'll stay at the ○○Hotel.

아일 스테이 앳 더   ○○호텔

☑ (메모를 보이며) 숙박처는 이 호텔입니다.

I'll stay at this hotel.

아윌 스테이 앳 디스 호텔

☐ (호텔은) 아직 정하지 않았습니다.

I don't know which one.

아이 돈트 노우 위치 원

☐ 돌아가는 항공권은 가지고 계십니까?

Do you have a return ticket?

두 유 해버 리턴 티킷

> conducted tour 안내인이 딸린 여행 sightseeing tour 관광 여행 round tour 일주여행 package tour 패키지 여행

☐ 단체 여행입니까?

Are you a member of a group tour?

아 유어 멤버러버 그룹 투어

☐ 현금은 얼마나 가지고 있습니까?

How much cash do you have with you?

하우 마취 캐쉬 두 유 해브 위쥬

☐ 이 나라는 처음입니까?

Is this your first visit (here)?

이즈 디스 유어 퍼스트 비지트 (히어)

☑ 짐은 어디서 찾습니까?

Where can I get my baggage?

웨어　　　캔　　아이 겟 마이 배기쥐

☐ 여기가 714편 짐 찾는 곳입니까?

Is this the baggage conveyer for flight 714?

이즈 디스 더　　배기쥐　　　컨베이어　　포　플라이트 세븐 원 포

☐ 714편 짐은 나왔습니까?

Has baggage from flight 714 arrived?

해즈　배기쥐　　　프럼　　플라이트 세븐 원 포 어라이브드

☐ 제 짐이 보이지 않습니다.

I can't find my baggage.

아이 캔트 파인　마이 배기쥐

> find it에서 find의 d와 it의 i가 연음되어 [파인딧]으로 발음된다.

☐ 이게 수화물인환증입니다.

Here is my claim tag.

히어리즈　　마이 클레임　택

☐ 찾으면 제 호텔로 연락 주세요.

Please deliver it to my hotel when you find it.

플리즈　　딜리버릿　　투 마이 호텔　　웨뉴　　　파인딧

☐ 수일 내에 보상해 주시겠어요?

Will you pay for me for(in) a few days?

윌　유　페이 포 미 포　어 퓨　데이즈

☑ 여권과 신고서를 보여 주십시오.

Your passport and declaration card, please.

유어　패스포트　앤　데클러레이션　카드　플리즈

☐ 신고할 것은 있습니까?

Do you have anything to declare?

두　유　해브　에니씽　투　디클레어

☐ 일용품뿐입니다.

I only have personal belongings.

아이 온리 해브　퍼스널　비롱잉스

☐ 이 가방을 열어 주십시오.

Please open this bag.

플리즈　오픈　디스　백

☐ 내용물은 무엇입니까?

What's in it?

왓츠　이닛

☐ 다른 짐은 있나요?

Do you have any other baggage?

두　유　햅에니　아더　배기쥐

☐ 이건 과세 대상이 됩니다.

You have to pay duty on it.

유　햅투　페이　듀티　오닛

☑ 관광안내소는 어디에 있습니까?

Where is the tourist information center?

웨어리즈　　　더　　투어리스트 인포메이션　　　센터

> center에서 t를 약화시켜 [써
> 너]로 발음하기도 하는데, 너무 부
> 자연스럽게 말할 필요는 없다

☐ 시가지도와 관광 팸플릿을 주시겠어요?

Can I have a city map and tourist brochure?

캔　　아이 해버　　씨티　맵　　앤　　투어리스트 브로슈어

☐ 매표소는 어디에 있습니까?

Where is the ticket office?

웨어리즈　　　더　　티킷　　오피스

☐ 출구는 어디입니까?

Where is the exit?

웨어리즈　　　더　　엑싯

> make a reservation은
> '예약을 하다'라는 뜻을 지닌
> 중요한 표현이다.

☐ 여기서 호텔을 예약할 수 있나요?

Can I make a hotel reservation here?

캔 아이　메이커　　호텔　　레저베이션　　　히어

☐ 호텔 리스트는 있습니까?

Do you have a hotel list?

두　유　　해버　　호텔　　리스트

☐ 여기서 렌터카를 예약할 수 있습니까?

Can I reserve a rental car here?

캔　　아이 리저버　　렌틀카　　　히어

Chapter 03

호텔을 이용할 때

숙소는 한국에서 출발하기 전에 예약을 해두는 것이 좋습니다. 예약할 때는 요금, 입지, 치안 등을 고려해서 정하도록 합시다. 호텔의 체크인 시각은 보통 오후 2시부터입니다. 호텔 도착 시간이 오후 6시를 넘을 때는 예약이 취소되는 경우도 있으므로 늦을 경우에는 호텔에 도착시간을 전화로 알려 두는 것이 좋습니다. 방의 형태, 설비, 요금, 체류 예정 등을 체크인할 때 확인하도록 합시다.

Unit 1 호텔을 찾을 때

☑ 여기서 호텔 예약할 수 있습니까?

Can I make a reservation here?

캔　　아이 메이커　　레저베이션　　　　히어

make a reservation은 '예약을 하다'라는 뜻을 지닌 중요한 표현이다.

□ 역까지 데리러 오시겠습니까?

Could you pick me up at the station?

쿠쥬　　　　픽미업　　　앳 더　　스테이션

□ 공항까지 데리러 오시겠습니까?

Could you pick me up at the airport?

쿠쥬　　　　픽미업　　　앳 디　　에어포트

□ 그 호텔은 어디에 있습니까?

Where is the hotel located?

웨어리즈　　더　　호텔　　로케이티드

pick up me는 틀린 표현이다. 반드시 pick(동사) me (대명사) up(전치사)으로 써야 한다.

□ 다른 호텔을 소개해 주시겠어요?

Could you tell me where another hotel is?

쿠쥬　　　텔 미　　웨어　　어나더　　호텔　　이즈

234

☑ 예약을 하고 싶은데요.

I'd like to make a reservation.

아이드 라익투 메이커 레저베이션

☐ 오늘 밤, 빈방 있습니까?

Do you have any vacancies tonight?

두 유 햅에니 베이컨시즈 투나잇

☐ 숙박요금은 얼마입니까?

How much is the room charge?

하우 마취 이즈 더 룸 챠지

☐ 1박에 얼마입니까?

How much for one night?

하우 마취 포 원 나잇

> one night and two days 1박 2일 / two nights and three days 2박 3일

☐ 요금에 조식은 포함되어 있나요?

Does the room charge include breakfast?

더즈 더 룸 챠지 인클루드 블랙퍼스트

☐ 봉사료와 세금은 포함되어 있습니까?

Does it include service charge and tax?

더짓 인클루드 써비스 챠지 앤 택스

☐ 더 싼 방은 없습니까?

Don't you have a cheaper room?

돈츄 해버 칩퍼 룸

☑ 몇 박을 묵을 겁니까?

How long would you like to stay?

하우　롱　우쥬　라익투　스테이

☐ 더블 룸으로 부탁합니다.

A double room, please.

어 더블　룸　플리즈

☐ 욕실이 있는 방으로 부탁합니다.

I'd like a room with a bath.

아이드 라이커 룸　위더　배쓰

☐ 예약을 취소하고 싶습니다.

Please cancel my reservation.

플리즈　캔쓸　마이 레저베이션

☑ 예약은 하셨습니까?

Did you have a reservation?

디쥬 　　 해버 　　 레저베이션

☐ 확인서는 여기 있습니다.

Here is my confirmation slip.

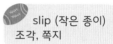

slip (작은 종이)
조각, 쪽지

히어리즈 　 마이 　컨퍼메이션 　　　　 슬립

☐ 예약은 한국에서 했습니다.

I made one from Korea.

아이 메이드 원 　　 프럼 　　 코리어

☐ 아직 예약을 하지 않았습니다.

I haven't made a reservation.

아이 해븐트 　 메이더 　　 레저베이션

☐ 성함을 말해 주시겠어요?

May I have your name?

관련 표현으로 What's
your name? 등이 있다.

메아이 　 해뷰어 　　　 네임

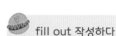

fill out 작성하다

☐ 숙박카드에 기입해 주십시오.

Please fill out the registration card.

플리즈 　 필 아웃 더 　 레지스트레이션 　 카드

☐ 귀중품을 보관해 주시겠어요?

Can you keep my valuables?

캔 　 유 　 킵마이 　　 밸류어블즈

Part 6

여행과 출장에 관한 표현

237

☑ 방을 보여 주시겠어요?

May I see the room?

메아이 씨 더 룸

□ 좀 더 좋은 방은 없습니까?

Do you have anything better?

두 유 해브 에니씽 베터

□ 좀 더 큰 방으로 바꿔 주시겠어요?

Could you give me a larger room?

쿠쥬 깁미 어 라저 룸

□ 전망이 좋은 방으로 부탁합니다.

I'd like a room with a nice view.

아이드 라이커 룸 위더 나이스 뷰

□ 이 방으로 하겠습니다.

I'll take this room.

아일 테익디스 룸

□ 벨보이가 방으로 안내하겠습니다.

The bellboy will show you your room.

더 벨보이 윌 쇼 유 유어 룸

□ 짐을 방까지 옮겨 주겠어요?

Could you bring my baggage?

쿠쥬 브링 마이 배기쥐

☑ 8시에 도착할 것 같습니다. (늦을 경우)

I'll arrive at your hotel at eight.

아일 어라이브 앳 유어   호텔   앳 에잇

☐ 예약을 취소하지 마세요.

Please don't cancel my reservation.

플리즈   돈트   캔쓸   마이 레저베이션

☐ 다시 한번 제 예약을 확인해 주십시오. (예약되어 있지 않을 때)

Check my reservation again, please.

체크   마이 레저베이션   어게인   플리즈

☐ 방을 취소하지 않았습니다.

I didn't cancel the room.

아이 디든트 캔쓸   더   룸

☐ 다른 호텔을 찾으시겠습니까?

Would you refer me to another hotel?

우쥬   리퍼 미 투 어나더   호텔

Part 6

요행과 출장에 관한 표현

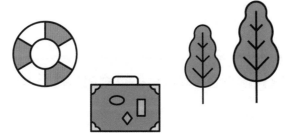

☑ 룸서비스를 부탁합니다.

Room service, please.

룸 써비스 플리즈

☐ 여기는 1234호실입니다.

This is Room 1234.

디씨즈 룸 트웰브 써리포

> 연도, 호실 등은 두 개 단위로 끊어 읽는다.

☐ 어느 정도 시간이 걸립니까?

How long will it take?

하우 롱 윌 잇 테이크

> cold water 찬물

☐ 뜨거운 물을 주시겠어요?

Would you bring me boiling water?

우쥬 브링 미 보일링 워러

☐ 잠시 기다리세요.

Just a moment, please.

저스터 모먼트 플리즈

☐ 들어오세요.

Please, come in.

플리즈 컴 인

☐ 내일 아침 5시에 모닝콜을 부탁합니다.

I would like a wake-up call at 5 in the morning.

아이 우드 라이커 웨이컵 콜 앳 파이브 인 더 모닝

☑ 오늘 밤 늦게 돌아올 예정입니다.

I'll be back late tonight.

아월 비 백　　　레이트 투나잇

☐ 자판기는 있습니까?

Is there a vending machine?

이즈 데어러　　밴딩　　　머쉰

☐ 식당은 어디에 있습니까?

Where is the dining room?

웨어리즈　　　더　　다이닝　　룸

☐ 식당은 몇 시까지 합니까?

How late is the dining room open?

하우 레이티즈　　더　　다이닝　　룸　　　오픈

☐ 이 호텔에 테니스코트는 있습니까?

Is there a tennis court at this hotel?

이즈 데어러　　테니스 코트　　　앳 디스 호텔

☐ 여기서 관광버스표를 살 수 있습니까?

Can I get a ticket for the sightseeing bus here?

캔　　아이 게러 티킷　　포 더 싸이트씽　　　버스 히어

☐ 계산은 방으로 해 주시겠어요? (나중에 정산한다는 뜻)

Will you charge it to my room?

윌　유　챠지　　잇 투 마이 룸

☑ 열쇠가 잠겨 방에 들어갈 수 없습니다.
I locked myself out.
아이 락트　　마이셀프　　아웃

☐ 방에 열쇠를 둔 채 잠가 버렸습니다.
I've locked my key in my room.
아이브 락트　　마이 키　　인 마이 룸

☐ 방 번호를 잊어버렸습니다.
I forgot my room number.
아이 포갓　　마이 룸　　넘버

☐ 옆방이 무척 시끄럽습니다.
The next room is very noisy.
더　　넥스트 룸　　이즈 베리　　노이지

> corridor 복도, 통로
> (= hallway, aisle)

☐ 복도에 이상한 사람이 있습니다.
There is a strange person in the corridor.
데어리저　　스트레인쥐　　퍼슨　　인 더　　코리더

☐ 다른 방으로 바꿔 주시겠어요?
Could you give me a different room?
쿠쥬　　깁미　　어 디퍼런트　　룸

☐ 사람 좀 올려 보내 주시겠어요?
Can you send someone up?
캔　　유　　센드　　썸원　　업

☑ 뜨거운 물이 나오지 않는데요.
There's no hot water.
데어즈　　　노　핫　워러

☐ 지금 고쳐주시겠어요?
Could you fix it now?
쿠쥬　　　　　　픽싯　나우

☐ 화장실 물이 흐르지 않습니다.
The toilet doesn't flush.
더　　토일릿　더즌트　　플러쉬

> hasn't를 [해즌트]처럼 [트]를 강하게 발음하지 말고 [해즌] 정도면 된다.

☐ 방이 아직 청소되어 있지 않습니다.
My room hasn't been cleaned yet.
마이 룸　　해즌트　빈　클린드　옛

☐ 미니바(방 냉장고)가 비어 있습니다.
The mini-bar is empty.
더　미니 바　　이즈 엠티

☐ 타월을 바꿔 주실래요?
Can I get a new towel?
캔　아이 게러　뉴　타월

☑ 체크아웃은 몇 시입니까?

When is check out time?

웨니즈　　　체카웃　　　　타임

☐ 몇 시에 떠날 겁니까?

What time are you leaving?

왓　　　타임　아유　　　　리빙

☐ 하룻밤 더 묵고 싶은데요.

I'd like to stay one more night.

아이드 라익투　스테이 원　　모어　　　나잇

☐ 하루 일찍 떠나고 싶은데요.

I'd like to leave one day earlier.

아이드 라익투　리브　　원　　데이　얼리어

☐ 오후까지 방을 쓸 수 있나요?

May I use the room till this afternoon?

메아이　유즈　더　룸　　　틸 디스 애프터눈

☐ 오전 10시에 택시를 불러 주세요.

Please call a taxi for me at 10 a.m.

플리즈　　　코러　　택시 포　미　앳 텐 에이엠

244

Unit 10 체크아웃할 때

☑ 체크아웃을 하고 싶은데요.

Check out, please.

체카웃　　　　플리즈

☐ 홍 씨이신가요? 열쇠를 주시겠습니까?

Mr. Hong? May I have the key?

미스터 홍　　메아이　핵더　　　키

☐ 포터를 보내 주세요.

A porter, please.

어 포터　　　플리즈

☐ 맡긴 귀중품을 꺼내 주세요.

I'd like my valuables from the safe.

아이드 라이크 마이 밸류어블즈　프럼　더　세이프

☐ 출발할 때까지 짐을 맡아 주시겠어요?

Could you keep my baggage until my departure time?

쿠쥬 킵마이 배기쥐 언틸 마이 디파춰 타임

 arrival time 도착시간

☐ 방에 물건을 두고 나왔습니다.

I left something in my room.

아이 레프트 썸씽　　인 마이 룸

☐ 계산을 부탁합니다.

My bill, please.

마이 빌　플리즈

Part 6 요행과 충진에 관한 표현

245

☑️ 신용카드도 됩니까?

Do you accept credit cards?

두 유 억셉트 크레딧 카즈

☐ 여행자수표도 받습니까?

Do you accept traveler's checks?

두 유 억셉트 트래블러즈 첵스

☐ 현금으로 지불하시겠습니까, 카드로 지불하시겠습니까?

Cash or credit card?

캐쉬 오어 크레딧 카드

☐ 전부 포함된 겁니까?

Is everything included?

이즈 에브리씽 인클루디드

☐ 계산이 틀린 것 같은데요.

I think there is a mistake on this bill.

아이 씽크 데어리즈 어 미스테이크 온 디스 빌

☐ 고맙습니다. 즐겁게 보냈습니다.

Thank you. I enjoyed my stay.

땡큐 아이 인조이드 마이 스테이

Chapter 04 식당을 이용할 때

레스토랑에서 식사를 할 경우 예약을 하고 가야 하며, 복장도 신경을 쓰는 게 좋습니다. 또한 현지인에게 인기가 있는 레스토랑은 가격도 적당하고 맛있는 가게가 많습니다. 예약을 한 후 레스토랑에 도착하면 입구에서 이름을 말하고 안내를 기다립니다. 의자에 앉을 때는 여성이 안쪽으로 앉도록 하고 테이블에 앉은 후에는 디저트가 나올 때까지 담배는 삼가는 것이 에티켓입니다

Unit 1 식당을 찾을 때

☑ 어디서 먹고 싶으세요?

Where would you like to eat?

웨어   우쥬   라익투   이트

☐ 이 근처에 맛있게 하는 음식점은 없습니까?

Is there a good restaurant around here?

이즈 데어러   굿   레스터런   어라운드   히어

☐ 이 시간에 문을 연 가게는 있습니까?

Is there a restaurant open at this time?

이즈 데어러   레스터런   오픈   앳 디스 타임

☐ 식당이 많은 곳은 어디입니까?

Where is the main area for restaurants?

웨어리즈   더   메인   에어리어 포   레스터런츠

 in mind 평소에 생각해 둔

☐ 어디 특별히 정해 둔 식당이라도 있으세요?

Did you have a particular place in mind?

디쥬   해버   파티큘러   플레이스 인 마인드

☑ 몇 분이십니까?

How many of you, sir?

하우　메니　오뷰　써

☐ 예약은 하지 않았습니다.

I don't have a reservation.

아이 돈트　해버　레저베이션

☐ 지금 자리가 다 찼는데요.

No tables are available now.

노　테이블즈　아　어베일러블　나우

☐ 예약이 필요한가요?

Do we need a reservation?

두　위　니더　레저베이션

☐ 여기서 예약할 수 있나요?

Can we make a reservation here?

캔　위　메이커　레저베이션　히어

☐ 손님은 몇 분이십니까?

How large is your party?

하우　라쥐　이쥬어　파티

> is your가 연음되어 [이쥬어]로 발음된다.

☐ 전원 같은 자리로 해주세요.

We'd like to have a table together.

위드　라익투　해버　테이블　투게더

☑ 주문을 받아도 될까요?

Are you ready to order?
아유　　레디　　투　오더

☐ 요리는 어떻게 익혀 드릴까요?

How would you like it?
하우　우쥬　　　　라이킷

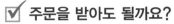
rare 설익은,
medium 중간의,
well-done 잘 익은

☐ 마실 것은 무엇으로 하시겠습니까?

What would you like to drink?
왓　　　우쥬　　　　라익투　　드링크

☐ 다른 주문은 없습니까?

Anything else?
에니씽　　　　엘스

☐ 디저트는 어떻게 하시겠습니까?

What would you like to have for dessert?
왓　　　우쥬　　　　라익투　　핸포　　　디저트

☐ 지금 디저트를 주문하시겠습니까?

Would you like to order some dessert now?
우쥬　　　　라익투　오더　썸　　디저트　　나우

☑ 메뉴 좀 볼 수 있을까요?

Can I see the menu, please?

캔　아이 씨 더　메뉴　플리즈

> 간단하게
> Menu, please?
> 라고 해도 된다.

☐ 주문을 하고 싶은데요.

We are ready to order.

위　아　레디　투 오더

☐ 이걸 부탁합니다.

I'll take this one.

아윌 테익디스　원

> Are you ready to
> order? 주문하시겠어요?
> (웨이터가 주문을 받을 때)

☐ 이것과 이것으로 주세요. (메뉴를 가리키며)

This and this, please.

디스　앤　디스　플리즈

☐ 무엇이 빨리 됩니까?

What can you serve quickly?

왓　캔 유　써브　퀴클리

☐ 이건 어떤 맛입니까?

What's the taste?

왓츠　더　테이스트

☐ 무엇을 주문해야 할지 모르겠군요.

I still don't know what to order.

아이 스틸 돈트　노우　왓　투 오더

☑ 오늘의 특별 요리는 뭐죠?

What's today's special menu?

왓츠　　　　투데이즈　　스페셜　　　메뉴

☐ 이곳의 전문 요리는 뭐죠?

What's good here?

왓츠　　　굿　　히어

give orders 주문을 하다

☐ 잠시 후에 주문을 받으시겠습니까?

Could you take our orders a little later?

쿠쥬　　　　　테이카워　　오더저　　　리틀　　레이러

☐ 저 사람이 먹고 있는 건 뭡니까?

What's that person having?

왓츠　　댓　　퍼슨　　　해빙

☐ 디저트를 주세요.

I'd like a dessert, please.

아이드 라이커 디저트　　　플리즈

주의: desert[데젓] (명) 사막,
desert[디젓] (동) 버리다

☐ 디저트는 뭐가 있나요?

What do you have for dessert?

왓　　두　유　핸포　　디저트

Part 6 여행과 휴양에 관한 표현

☑ 이걸 먹는 법 좀 가르쳐 주시겠어요?

Could you tell me how to eat this?

쿠쥬　　　　텔 미　하우　투 잇　디스

☐ 이건 어떻게 먹으면 됩니까?

How do I eat this?

하우　두　아이 잇디스

☐ 이 고기는 무엇입니까?

What kind of meat is this?

왓　　카인돕　　밋티즈　　디스

☐ 이것은 무슨 재료를 사용한 겁니까?

What are the ingredients for this?

와라디　　　　인그리디언츠　　포　디스

> ingredients (특히 음식 등에 사용되는) 재료, 성분

☑ 빵을 좀 더 주실래요?

Can I have more bread?

캔　　아이 해브　모어　　브레드

☐ 디저트 메뉴는 있습니까?

Do you have a dessert menu?

두 유　　해버　　디저트　　메뉴

☐ 물 한 잔 주세요.

I'd like a glass of water, please.

아이드 라이커 글래쏩　　워러　　플리즈

☐ 소금 좀 갖다 주시겠어요?

Could I have some salt, please?

쿠다이　　해브　썸　　쏠트　플리즈

☐ 나이프(포크)를 떨어뜨렸습니다.

I dropped my knife(fork).

아이 드랍트　　마이 나이프(포크)

> dropped처럼 동사의 끝자음이 파열음(k, p, t 등)으로 끝날 때는 자음을 한 개 더 붙여 과거형으로 만든다.

☐ ~을 추가로 부탁합니다.

I'd like to order some more ~.

아이드 라익투 오더　　썸　　모어

☑ 아직 시간이 많이 걸립니까?

Will it take much longer?

윌릿　　테이크 마춰　　롱거

□ 주문한 음식이 아직 안 나왔습니다.

My order hasn't come yet.

마이 오더　　해즌트　　컴　　옛

□ 주문한 것 어떻게 된 거죠?

What happened to my order?

와랫픈드　　　　투 마이 오더

□ 서비스가 늦군요.

The service is slow.

더 써비스　　　이즈 슬로우

□ 이건 주문하지 않았습니다.

I didn't order this.

아이 디든트 오더　　디스

change A for B
A를 B로 바꾸다

□ 다른 것으로 바꿔 주세요.

Please change this for a new one.

플리즈　　체인지　　디스 포러　뉴　원

□ 주문을 취소하고 싶은데요.

I want to cancel my order.

아 원투　　캔쓸　　마이 오더

☑ 다시 가져다 주시겠어요?

Could you take it back, please?

쿠쥬　　　　　테이킷　백　　　플리즈

□ 음식에 이상한 것이 들어 있어요.

There is something strange in my food.

데어리즈　　썸씽　　　　　스트레인지　인 마이 푸드

□ 이 고기는 충분히 익지 않았는데요.

I'm afraid this meat is not done enough.

아임 어프레이드 디스 밋　　이즈 낫　던　　이넙

□ 좀 더 구워 주시겠어요?

Could I have it broiled a little more?

쿠다이　　해빗　　브로일더　　리틀　모어

□ 이 우유 맛이 이상합니다.

This milk tastes funny.

디스　밀크　테이스츠 퍼니

> funny 웃기는, 이상한, 의심스러운. 동의어로는 amusing(재미있는), entertaining(재미있는), witty(재치있는), humorous(유머러스한), comic(희극의) 등이 있다.

□ 이 음식이 상한 것 같아요.

I'm afraid this food is stale.

아임 어프레이드 디스 푸드　　이즈 스테일

□ 글라스가 더럽습니다.

The glass isn't clean.

더　　글래스　이즌트 클린

Unit 9 식사를 마칠 때

☑ 다른 것을 더 드시겠습니까?

Will you have something else?

윌   유   해브   썸씽   엘스

☐ 그밖에 다른 것은요?

Anything else?

에니씽   엘스

☐ 치즈 좀 더 주시겠어요?

Could I have a little more cheese, please?

쿠다이   해버   리틀   모어   치즈   플리즈

☐ 식탁 좀 치워 주시겠어요?

Could you please clear the table?

쿠쥬   플리즈   크리어   더   테이블

☐ 테이블 위에 물 좀 닦아 주세요.

Wipe the water off the table, please.

와이프   더   워러   오프 더   테이블   플리즈

☐ 이 접시들 좀 치워 주시겠어요?

Would you take the dishes away?

우쥬   테익더   디쉬즈   어웨이

☐ 물 좀 더 주시겠어요?

May I have more water?

메아이   해브   모어   워러

☑ 계산서를 부탁합니다.

Check, please.

체크   플리즈

☐ 지금 지불할까요?

Do I pay you now?

두 아이 페이 유   나우

☐ 이번에는 내가 사죠.

Let me treat you this time.

렛 미 트릿츄   디스 타임

> 유사표현인 I'll treat you.(제가 낼게요.)도 챙겨두자.

☐ 따로따로 지불을 하고 싶은데요.

Separate checks, please.

쎄퍼레이트   첵스   플리즈

☐ 봉사료는 포함되어 있습니까?

Isn't it including the service charge?

이즌닛   인클루딩   더   써비스   챠지

☐ 청구서에 잘못된 것이 있습니다.

There's a mistake in the bill.

데어저   미스테이크 인 더 빌

☐ 이건 주문하지 않았습니다.

I didn't order this.

아이 디든트 오더   디스

☑ 2번 세트로 주세요.
I'll take the number two combo.
아일 테익더　　넘버　　투　콤보

☐ 어느 사이즈로 하시겠습니까?
Which size would you like?
위치　　싸이즈 우쥬　　라이크

☐ 마실 것은요?
Something to drink?
썸씽　　투　드링크

☐ 여기서 드실 건가요, 가지고 가실 건가요?
For here or to go?
포　히어　오어 투 고

> 여기에서 먹을 경우에는 I'll eat it here., I'll have it here. 등을 쓴다.

☐ 가지고 갈 거예요.
To go(take out), please.
투　고(테이카웃)　　플리즈

☐ 이 자리에 앉아도 되겠습니까?
Can I sit here?
캔　아이 씻 히어

Chapter 05

관광을 할 때

관광안내소의 표시는 미국은 ?, 유럽은 !로 되어 있습니다. 무료의 시내지도, 지하철, 버스 노선도 등이 구비되어 있는 경우가 많으므로 정보수집에 편리합니다. 미술관이나 박물관은 휴관일을 확인하고 나서 스케줄을 잡읍시다. 요일에 따라서 개관을 연장하거나 할인 요금이나 입장료가 달라지는 곳도 있으므로 가이드북을 보고 확인합시다. 교회나 성당은 관광지이기 전에 종교상의 신성한 건물입니다. 들어갈 때 정숙하지 못한 복장이나 소란은 삼가야 합니다.

Unit 1 관광안내소에서

☑ 관광안내소는 어디에 있습니까?

Where's the tourist information center?
웨어즈　　　더　　투어리스트　인포메이션　　　센터

center는 [새너]처럼 들린다.

☐ 안녕하세요. 무엇을 도와드릴까요?

Good morning. May I help you?
굿　　　모닝　　　　메아이 헬퓨

이와 비슷한 표현으로는 Can I help you?, How can I help you?, How may I help you?, Would you like some help?, What can I do for you? 등이 있다.

☐ 관광안내 책자를 하나 주시겠어요?

Can I have a sightseer's pamphlet?
캔　　아이 해버　　싸이트씨어즈　　　팸플릿

☐ 무료 시내지도 있습니까?

Do you have a free city map?
두　유　　해버　　　프리　씨티　맵

☐ 관광지도 좀 주시겠어요?

Can I have a sightseeing map?
캔　　아이 해버　　싸이트씽　　　　　맵

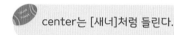

Part 6

여행과 출장에 관한 표현

☑ 도시 관광에는 어떤 것들이 있나요?
What does the city tour include?
왓   더즈   더   시티   투어   인클루드

□ 여기서 볼 만한 곳을 가르쳐 주시겠어요?
Could you recommend some interesting places?
쿠쥬 레커멘드 썸 인터레스팅 플레이시즈

□ 당일치기로 어디에 갈 수 있습니까?
Where can I go for a day trip?
웨어   캔   아이 고 포러   데이   트립

> a day trip 하루
> 일정의 여행 코스

□ 젊은 사람이 가는 곳은 어디입니까?
Where's good place for young people?
웨어즈   굿   플레이스 포 영   피플

□ 지금 축제는 하고 있나요?
Are there any festivals now?
아   데어래니   페스티벌스   나우

□ 벼룩시장 같은 것은 있나요?
Is there a flea market or something?
이즈 데어러   플리 마켓   오어 썸씽

□ 여기서 걸어서 갈 수 있습니까?
Can I walk down there?
캔   아이 웍다운   데어

Unit 2 투어를 이용할 때

☑ 어떤 투어가 있습니까?

What kind of tours do you have?

왓   카인돕   투어즈 두 유   해브

☐ 관광버스 투어는 있습니까?

Is there a sightseeing bus tour?

이즈 데어러   싸이트씽   버스   투어

☐ 투어는 매일 있습니까?

Do you have tours every day?

두   유   해브   투어즈 에브리   데이

☐ 오전 코스는 있습니까?

Is there a morning tour?

이즈 데어러   모닝   투어

☐ 야간관광은 있습니까?

Do you have a night tour?

두   유   해버   나잇   투어

> How long does it take to~?는 '~까지 가는데 시간이 얼마나 걸리나요?'라는 뜻을 지닌 중요한 문장패턴이다.

☐ 투어는 몇 시간 걸립니까?

How long does it take to complete the tour?

하우   롱   더짓   테익투   컴플릿   더   투어

☐ 식사는 나옵니까?

Are any meals included?

아래니   밀스   인클루디드

☑ 시간은 얼마나 걸립니까?
How long does it take?
하우 롱 더짓 테이크

☐ 몇 시에 출발합니까?
What time do you leave?
왓 타임 두 유 리브

☐ 어디서 출발합니까?
Where does it start?
웨어 더짓 스타트

☐ 몇 시에 돌아옵니까?
What time will we come back?
왓 타임 윌 위 컴 백

☐ 한국어 가이드는 있나요?
Do we have a Korean-speaking guide?
두 위 해버 코리언 스피킹 가이드

☐ 한 명당 비용은 얼마입니까?
What's the rate per person?
왓츠 더 레이트 퍼 퍼슨

☑ 지금 어디로 가고 있습니까?

Where are we headed?

웨어라　　　위　헤디드

> head (명사) 머리, 책임자 / (동사) ~로 향하다, ~을 이끌다

☐ 저것은 무슨 강입니까?

What is the name of that river?

와리즈　　더　네임　옵댓　리버

☐ 저것은 무슨 산입니까?

What is the name of that mountain?

와리즈　　더　네임　옵댓　마운튼

 mountain은 [마운은]처럼 들린다.

☐ 차 안에 화장실이 있습니까?

Is there a rest room on the bus?

이즈 데어러　　레스트 룸　　온　더　버스

☐ 여기서 얼마나 머뭅니까?

How long do we stop here?

하우　롱　두　위　스탑　히어

☐ 시간은 어느 정도 있습니까?

How long do we have?

하우　롱　두　위　해브

☐ 몇 시에 버스로 돌아오면 됩니까?

What time should we be back?

왓　타임　슈드　위 비 백

☑ 티켓은 어디서 삽니까?

Where can I buy a ticket?

웨어　　　캔　　아이 바이어 티킷

> buy a가 연음되어
> [바이어]로 발음된다

☐ 입장료는 유료입니까?

Is there a charge for admission?

이즈 데어러　　챠지　　　포　　어드미션

☐ 입장료는 얼마입니까?

How much is the admission fee?

하우　　마취　　이즈 더　어드미션　　　피

☐ 어른 2장 주세요.

Two adults, please.

투　　　어덜츠　　플리즈

> admission의 a는 d에 덧붙여지는 느낌
> 으로 약하고 짧게 [어] 정도의 음가를 갖는다.

☐ 학생 1장 주세요.

One student, please.

원　　　스튜던트　　플리즈

☐ 단체할인은 해줍니까?

Do you have a group discount?

두　유　　해버　　　그룹　　　디스카운트

> discount rate 할인율 cash
> discount 현금 할인 discount house
> 할인점 discount ticket 할인 티켓
> extra discount 특별 할인

☑ 정말 아름다운 경치이군요!

What a beautiful sight!

와러 　　 뷰티풀 　　　 싸이트

☐ 전망이 기가 막히군요!

What a fantastic view!

와러 　　 팬태스틱 　　 뷰

☐ 저 동상은 뭐죠?

What's that statue?

왓츠 　　 댓 　 스태츄

☐ 이게(저게) 뭐죠?

What is this(that)?

와리즈 　　 디스(댓)

☐ 저게 뭔지 아세요?

Do you know what that is?

두 　유 　노우 　왓 　　데리즈

☐ 저 건물은 무엇입니까?

What is that building?

와리즈 　　 댓 　 빌딩

☐ 언제 세워졌습니까?

When was it built?

웬 　　 워짓 　　 빌트

☑ 이 티켓으로 모든 전시를 볼 수 있습니까?

Can I see everything with this ticket?

캔　　아이 씨　에브리씽　　　위드　디스　티킷

☐ 무료 팸플릿은 있습니까?

Do you have a free brochure?

두　유　　해버　　　프리　브로슈어

☐ 짐을 맡아 주세요.

I'd like to check this baggage.

아이드 라익투　첵디스　　　배기쥐

☐ 관내를 안내할 가이드는 있습니까?

Is there anyone who can guide me?

이즈 데어래니원　　　후　　캔　가이드　미

☐ 그 박물관은 오늘 엽니까?

Is the museum open today?

이즈 더　뮤지엄　　　오픈　　투데이

☐ 단체할인은 있나요?

Do you have a group discount?

두유　　해버　　그룹　　디스카운트

☐ 재입관할 수 있습니까?

Can I reenter?

캔　　아이 리엔터

☑ 오늘밤에는 무엇을 상영합니까?

What's on tonight?

왓촌　　　　　　투나잇

☐ 오늘 표는 아직 있습니까?

Are today's tickets still available?

아　　투데이즈　티킷츠　　스틸　어베일러블

☐ 몇 시에 시작됩니까?

What time does it start?

왓　　　타임　더짓　　　스타트

☐ 가장 좋은 자리를 주세요.

I'd like the best seats.

아이드 라익더　　베스트　싯츠

☐ 둘이서 나란히 앉을 수 있나요?

Can we sit together?

캔　　　위　　씻　투게더

☐ 환불받을 수 있나요?

Can I get a refund?

캔　　　아이 게러　리펀드

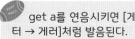
get a를 연음시키면 [게터 → 게러]처럼 발음된다.

☑ 여기서 사진을 찍어도 됩니까?

May I take a picture here?

메아이　테이커　픽춰　　　히어

☐ 여기서 플래시를 터뜨려도 됩니까?

May I use a flash here?

메아이　유저　　플래쉬　히어

☐ 비디오 촬영을 해도 됩니까?

May I take a video?

메아이　테이커　　비디오

☐ 당신 사진을 찍어도 되겠습니까?

May I take your picture?

메아이　테이큐어　　　픽춰

> take a picture/video 는 '사진[비디오]을 찍다'는 뜻을 가진 중요한 표현이다. 반드시 암기해 두자.

☐ 함께 사진을 찍으시겠습니까?

Would you take a picture with me?

우쥬　　　　테이커　픽춰　위드　미

☑ 제 사진을 찍어 주시겠어요?

Would you take a picture of me?
우쥬   테이커   픽쳐   옵미

☐ 저희들 사진 좀 찍어 주시겠어요?

Would you please take a picture for us?
우쥬   플리즈   테이커   픽쳐   포러스

☐ 한 장 더 부탁합니다.

One more, please.
원   모어   플리즈

☐ 나중에 사진을 보내드리겠습니다.

I'll send you the picture.
아일 센듀   더   픽춰

☐ 주소를 여기서 적어 주시겠어요?

Could you write your address down here?
쿠쥬   라이츄어   어드레스   다운   히어

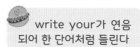
write your가 연음
되어 한 단어처럼 들린다

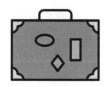

☑ 필름은 있습니까?

Do you have any film?

두 유   햅에니   필름

☐ 건전지는 어디서 살 수 있나요?

Where can I buy a battery?

웨어   캔   아이 바이 어 배러리

> battery에서 tt가 약음되어 [러]처럼 들린다.

☐ 이것을 현상해 주시겠어요?

Could you develop this film?

쿠쥬   디벨러프   디스 필름

☐ 인화를 해 주시겠어요?

Could you make copies of this picture?

쿠쥬   메이크 카피좁   디스   픽춰

☐ 언제 됩니까?

When can I have it done by?

웬   캔   아이 해빗   던   바이

Chapter 06 쇼핑을 할 때

바겐시즌은 미국의 경우 1월, 3월, 11월이고, 영국에 서는 6~7월, 12~1월로 나라에 따라 다릅니다. 가게에 들어가면 점원에게 가볍게 Hello!나 Hi!라고 인사를 합시다. Are you looking for something?(무엇을 찾으십니까?/ 어서오세요.)이라고 물었을 때 살 마음이 없는 경우에는 I'm just looking.(그냥 둘러볼게요.)이라고 대답합니다. 말을 걸었는데 대답을 하지 않거나 무시하는 것은 상대에게 실례가 됩니다.

Unit 1 쇼핑센터를 찾을 때

☑ 이 도시의 쇼핑가는 어디에 있습니까?
Where is the shopping area in this town?
웨어즈 더 샤핑 에어리어 인 디스 타운

☐ 선물은 어디서 살 수 있습니까?
Where can I buy some souvenirs?
웨어 캔 아이 바이 썸 수버니어스

> souvenirs는 '기념품, 선물'이라 는 뜻으로, 불어(기억, 기념, 회상)에서 온 말이다.

☐ 면세점은 있습니까?
Is there a duty-free shop?
이즈 데어러 듀티프리 샵

> 단어 끝이 t, d, p 등으로 끝나 면 [ㅌ], [ㄷ], [ㅍ] 등을 가볍게 붙 인다는 느낌으로 발음하면 된다.

☐ 실례합니다. 백화점은 어디 있습니까?
Excuse me. Where is the department store?
익스큐즈 미 웨어리즈 더 디파트먼트 스토어

☐ 편의점을 찾고 있습니다.
I'm looking for a convenience store.
아임 루킹 포러 컨비니언스 스토어

☑ 장난감은 어디서 팝니까?

Where do they sell toys?

웨어　　　두　데이　쎌　토이즈

☐ 남성복은 몇 층에 있습니까?

Which floor is the men's wear on?

위치　　플로어 이즈 더　맨스　　웨어　온

☐ 가장 가까운 식료품점은 어디에 있습니까?

Where's the nearest grocery store?

웨어즈　　　더　니어리슷　그로우서리　스토어

☐ 세일은 어디서 하고 있습니까?

Who's having a sale?

후즈　　해빙　　어 쎄일

☐ 몇 시에 문을 엽니까?

What time do you open?

왓　　타임　두 유　오픈

business hours =
office hours

☐ 영업시간은 몇 시부터 몇 시까지입니까?

What are your business hours?

워라유어　　　비즈니스　아워즈

☐ 몇 시까지 합니까?

How late are you open?

하우　레이트 아유　오픈

☑ 무엇을 도와드릴까요? / 무엇을 드릴까요?

What can I do for you?

왓　캔　아이두포　유

□ 무얼 찾으십니까?

May I help you?

메아이　헬퓨

□ 필요한 것이 있으면 말씀하십시오.

If you need any help, let me know.

이퓨　니드　에니 헬프　렛 미　노우

□ 여기 잠깐 봐 주시겠어요?

Hello. Can you help me?

헬로우　캔　유　헬프　미

□ 블라우스를 찾고 있습니다.

I'm looking for a blouse.

아임 루킹　포러　브라우스

□ 운동화를 사고 싶은데요.

I want a pair of sneakers.

아이 워너　페어　오브 스니커즈

shoes 구두
running shoes 운동화
sandals 샌들
boots 부츠
high heels 하이힐

□ 아내에게 선물할 것을 찾고 있습니다.

I'm looking for something for my wife.

아임 루킹　포 썸씽　포 마이 와이프

☑ 캐주얼한 것을 찾고 있습니다.

I'd like something casual.

아이드 라이크 썸씽　　　　　캐주얼

☐ 선물로 적당한 것은 없습니까?

Could you recommend something good for a souvenir?

쿠쥬 레커멘드 썸씽 굿 포러 수버니어

☐ 면으로 된 것이 필요한데요.

I'd like something in cotton.

아이드 라이크 썸씽　　　　　인　카튼

☐ 이것과 같은 것은 있습니까?

Do you have any more like this?

두 유 햅에니 모어 라이크 디스

☑ 다른 것을 보여 주시겠어요?

Can you show me another one?

캔 유 쇼 미 어나더 원

☐ 잠깐 다른 것을 보겠습니다.

I'll try somewhere else.

아윌 트라이 썸웨어 엘스

☐ 이 물건 있습니까?

Do you have this in stock?

두 유 해브 디스 인 스탁

in stock 비축되어, 재고로

☐ 저희 상품들을 보여 드릴까요?

May I show you our line?

메아이 쇼 유 아워 라인

☐ 그런 상품은 취급하지 않습니다.

We don't carry that item.

위 돈트 캐리 댓 아이템

☐ 즉시 갖다 드리겠습니다.

I'll get it for you right away.

아윌 게릿 포 유 롸잇 어웨이

☐ 어떤 상표를 원하십니까?

Which brand do you want?

위치 브랜드 두 유 원트

Part 6

여행과 출장에 관한 표현

275

☑ 무슨 색이 있습니까?

What kind of colors do you have?

왓　　카인돕 컬러즈　　두　유　　해브

☐ 너무 화려(수수)합니다.

This is too flashy(plain).

디씨즈　투　플래쉬(플레인)

☐ 더 화려한 것은 있습니까?

Do you have a flashier one?

두　유　　해버　　플래쉬어　　원

☐ 감청색으로 된 것을 좀 볼 수 있겠습니까?

May I see some dark-blue ones?

메아이　씨　썸　　다크　블루　원스

☐ 무늬가 없는 것은 없습니까?

Don't you have any plain color ones?

돈츄　　햅에니　　플레인　컬러　　원스

☐ 푸른색의 것을 찾고 있습니다.

I'm looking for something in blue.

아임 루킹　　포　썸씽　　인 블루

☐ 노란색으로 된 것이 있습니까?

Would you have it in yellow?

우쥬　　해빗　인 옐로우

☑ 어떤 디자인이 유행하고 있습니까?
What kind of style is now in fashion?
왓　　　카인돕　　스타일　이즈 나우　인　패션

☐ 이런 디자인은 좋아하지 않습니다.
I don't like this design.
아이 돈트　라이크 디스　디자인

> style은 [스따일]의 느낌으로 발음한다.

☐ 다른 디자인은 있습니까?
Do you have any other designs?
두　유　　햅에니　　　아더　　디자인즈

☐ 디자인이 비슷한 것은 있습니까?
Do you have one with a similar design?
두　유　해브　원　위더　　씨밀러　　디자인

☑ 어떤 사이즈를 찾으십니까?

What size are you looking for?

왓　　　사이즈 아유　　　루킹　　　포

☐ 사이즈는 이것뿐입니까?

Is this the only size you have?

이즈 디스 디　　온리　싸이즈 유　　　해브

☐ 제 사이즈를 모르겠는데요.

I don't know my size.

아이 돈트　노우　　　마이 싸이즈

☐ 사이즈를 재주시겠어요?

Could you measure me?

쿠쥬　　　　　메줘　　　미

> measure 치수를 재다, 측정하다

☐ 더 큰 것은 있습니까?

Do you have a bigger one?

두　유　　해버　　　비거　　　원

☐ 더 작은 것은 있습니까?

Do you have a smaller one?

두　유　　해버　　　스몰러　　　원

☑ 이 재킷은 제게 맞지 않습니다.

This jacket doesn't fit me.

디스 재킷   더즌트   핏미

□ 조금 큰 것 같군요.

It seems to be a little too big.

잇 씸즈   투 비 어 리틀 투   빅

□ 너무 큽니다.

It's too big.

잇츠 투   빅

□ 너무 헐렁합니다.

It's too loose.

잇츠 투   루즈

□ 너무 적습니다.

It's too small.

잇츠 투   스몰

□ 너무 꽉 낍니다.

It's too tight.

잇츠 투   타이트

□ 좀 더 짧은 걸로 부탁합니다.

A little bit shorter, please.

어 리를빗   쇼터   플리즈

Part 6

여행과 출장에 관한 표현

☑ 재질은 무엇입니까?

What's this made of?

made of가 연음되어
[메이덥]처럼 들린다

왓츠   디스   메이덥

☐ 미국제품입니까?

Is this made in the U.S.A?

이즈 디스 메이딘   더   유 에스 에이

☐ 질은 괜찮습니까?

Is this good quality?

이즈 디스 굿   퀄러티

☐ 이건 실크 100%입니까?

Is this 100%(a hundred percent) silk?

이즈 디스   어 헌드레드   퍼센트   실크

☐ 이건 수제품입니까?

Is this hand-made?

이즈 디스 핸드 메이드

☐ 이건 무슨 향입니까?

What's this fragrance?

왓츠   디스 프래그런스

☑ 너무 비쌉니다.

It's too expensive.

잇츠 투　익스펜시브

> expensive 비싼 ↔ cheap 값싼

☐ 깎아 주시겠어요?

Can you give a discount?

캔　유　기버　디스카운트

☐ 더 싼 것은 없습니까?

Anything cheaper?

에니씽　취퍼

> cut down, please.
> 도 챙겨두자.

☐ 더 싸게 해 주실래요?

Will you take less than that?

윌　유　테이크 레스　댄　댓

☐ 깎아주면 사겠습니다.

If you discount I'll buy.

이퓨 디스카운트　아윌 바이

☐ 30달러로 안 되겠습니까?

To thirty dollars?

투　써리　달러즈

☐ 제가 예산했던 것보다 비싸군요.

That's more than I wanted to spend.

댓츠　모어　댄　아이 원티드투　스펜드

Part 6 여행과 출장에 관한 표현

☑ 이건 얼마입니까?

How much is this?

하우 마취 이즈 디스

☐ 하나에 얼마입니까?

How much for one?

하우 마취 포 원

☐ 전부해서 얼마나 됩니까?

How much is it all together?

하우 마취 이짓 올 투게더

> 비슷한 표현으로 What does it come to?가 있다.

☐ 세금이 포함된 가격입니까?

Does it include tax?

더짓 인클루드 텍스

☐ 지불은 어떻게 하시겠습니까?

How would you like to pay?

하우 우쥬 라익투 페이

☐ 카드도 됩니까?

May I use a credit card?

메아이 유저 크레딧 카드

☐ 신용카드로 계산하겠습니다.

Let me pay for it with my card.

렛 미 페이 포릿 위드 마이 카드

☑ 이걸로 하겠습니다.

I'll take this.

아일 테익디스

☐ 어디서 계산을 하죠?

Where do I pay?

웨어   두 아이 페이

these up이 연음되어 [디접]처럼 들린다.

☐ 이것도 좀 계산해 주시겠어요?

Will you add these up for me?

윌 유   애드 디접   포 미

☐ 아참, 이 셔츠도 계산에 넣어 주세요.

Oh, and add in this shirt.

오   앤   애드 인 디스 셔츠

☐ 거스름돈을 더 주셨습니다.

You gave me too much change.

유   게이브 미 투   마취   체인쥐

☐ 영수증 좀 끊어 주세요.

Let me have a receipt, please.

렛 미 해버   리씨트   플리즈

☐ 영수증을 받으십시오.

Here's the receipt.

히어즈   더   리씨트

Part 6 여행과 출장에 관한 표현

☑ 봉지를 주시겠어요?

Could I have a bag?

쿠다이　해버　백

□ 이걸 선물용으로 포장해 주시겠어요?

Can you gift-wrap this?

캔　유　기프트랩　디스

□ 따로따로 포장해 주세요.

Please wrap them separately.

플리즈　랩　뎀　세퍼레이트리

> separately는 [세퍼레잇을리] 처럼 들린다. [잇] 다음에 잠깐 호흡을 멈춘다는 느낌으로 발음해보자.

□ 이거 넣을 박스 좀 얻을 수 있나요?

Is it possible to get a box for this?

이짓　파서블　투 게러　박스 포　디스

□ 이거 포장할 수 있나요? 우편으로 보내고 싶은데요.

Can you wrap this up? I want to send it in the mail.

캔 유 랩 디썹　아이 원투 센딧 인 더 메일

☑ 이걸 ○○호텔까지 갖다 주시겠어요?

Could you send this to ○○Hotel?

쿠쥬   센드   디스 투   ○○호텔

☐ 언제 배달해 주시겠습니까?

When would it arrive?

웬   우딧   어라이브

☐ 별도로 요금이 듭니까?

Is there an extra charge for that?

이즈 데어런   엑스트러 챠지   포   댓

☐ 이 카드와 함께 보내주세요.

I'd like to send it with this card.

아이드 라익투 센딧   위디스   카드

> with this는 th가 한 개 탈락되어 [위디스]처럼 발음한다.

☐ 이 주소로 보내주세요.

Please send it to this address.

플리즈   센딧   투 디스 어드레스

Unit 14 배송을 원할 때

☑ 이 가게에서 한국으로 발송해 주시겠어요?

Could you send this to Korea from here?

쿠쥬　　　　센드　디스　투　코리어　프럼　히어

> send it[센딧]은 마치 한 단어처럼 발음한다.

☐ 한국 제 주소로 보내주시겠어요?

Could you send it to my address in Korea?

쿠쥬　　　　센딧　　투　마이　어드레스　　인　코리어

☐ 항공편(선편)으로 부탁합니다.

By air mail(sea mail), please.

바이 에어 메일(씨 메일)　　　　플리즈

☐ 한국까지 항공편으로 며칠 정도 걸립니까?

How long does it take to reach Korea by air mail?

하우 롱 더짓 테익투 리취 코리어 바이 에어 메일

☐ 항공편으로 얼마나 듭니까?

How much does it cost by air mail?

하우　마취　더짓　　　코스트 바이 에어 메일

> How much does it cost?(얼마인가요?)라는 표현은 암기해두는게 좋다.

286

☑ 다른 것으로 바꿔 주시겠어요?

Can I exchange it for another one?

캔   아이 익스체인쥐   잇 포   어나더   원

☐ 깨져 있습니다.

It's broken.

잇츠   브로컨

☐ 찢어있습니다.

It's ripped.

잇츠   립트

☐ 사이즈가 안 맞았어요.

This size doesn't fit me.

디스   싸이즈 더즌트   핏미

☐ 여기에 얼룩이 있습니다.

I found a stain here.

stain 얼룩 ↔ stainless 얼룩이 없는

아이 파운더   스테인   히어

☐ 구입할 때 망가져 있었습니까?

Was it broken when you bought it?

워짓   브로큰   웬   유   보우팃

☐ 불량품인 것 같은데요.

I think it's defective.

defective 결함이 있는, 불안전한

아이 씽크   잇츠   디펙티브

Part 6 여행과 출장에 관한 표현

287

☑ 반품하고 싶은데요.

I'd like to return this.

아이드 라익투   리턴   디스

☐ 아직 쓰지 않았습니다.

I haven't used it at all.

아이 해븐트   유스팃   앳롤

☐ 가짜가 하나 섞여 있었습니다.

I found a fake included.

아이 파운더   훼이크 인클루디드

☐ 영수증은 여기 있습니다.

Here is a receipt.

히어리저   리씨트

☐ 어제 샀습니다.

I bought it yesterday.

아이 보우팃   예스터데이

☐ 환불해 주시겠어요?

Can I have a refund?

캔   아이 해버   리펀드

☐ 수리해주던지 환불해 주시겠어요?

Could you fix it or give me a refund?

쿠쥬   픽싯 오어 깁미   어 리펀드

☑ 면세점은 어디에 있습니까?

Where's a duty free shop?

웨어저   듀티프리   샵

☐ 얼마까지 면세가 됩니까?

How much duty free can I buy?

하우   마취   듀티프리   캔   아이 바이

☐ 어느 브랜드가 좋겠습니까?

What brand do you suggest?

왓   브랜드   두 유   서제스트

☐ 이 가게에서는 면세로 살 수 있습니까?

Can I buy things duty free here?

캔   아이 바이 씽스   듀티프리   히어

☐ 여권을 보여 주시겠어요?

May I have your passport, please?

메아이   해뷰어   패스포트   플리즈

☐ 비행기를 타기 전에 수취하십시오.

Receive before boarding.

리시브   비포   보딩

Chapter 07 여행을 마치고 귀국할 때

한국에서 떠날 때 예약해둔 경우에는 미리 전화나 시내의 항공회사 영업소에서 반드시 예약 재확인(reconfirm)을 하는 것이 좋습니다. 공항에서는 2시간 전에 체크인하는 것이 바람직합니다. 만일에 문제가 발생했더라도 여유를 가지고 대처할 수 있습니다. 또한 짐이 늘어난 경우에는 초과요금을 지불해야 합니다. 가능하면 초과되지 않는 범위 내에서 짐을 기내로 가지고 가도록 하며, 시간적 여유가 있을 때 사지 못한 선물이 있다면 면세점에서 구입하면 됩니다.

Unit 1 귀국편을 예약할 때

☑ 내일 비행편을 예약할 수 있습니까?

Can you book us tomorrow's flight?
캔 유 북 어스 터마로우스 플라이트

☐ 가능한 빠른 편이 좋겠군요.

I want to fly as soon as possible.
아이 원투 플라이 애즈 쑨 애즈 파서블

☐ 다른 비행편은 없습니까?

Do you have any other flights?
두 유 햅에니 아더 플라이츠

☐ 직행편입니까?

Is it a direct flight?
이즈 이러 다이렉트 플라이트

☐ 2등석(1등석)을 부탁합니다.

Economy-class(first-class), please.
이코너미 클래스(퍼스트 클래스) 플리즈

☑ 예약 재확인을 하고 싶은데요.

I want to reconfirm my reservation.

아이 원투　　　리컨펌　　　　　마이　레저베이션

☐ 몇 시에 출발하는지 확인하고 싶은데요.

I want to make sure what time it's leaving.

아이 원투　　메이크　슈어　왓　　타임　잇츠 리빙

☐ 인천에는 몇 시에 도착합니까?

What time will we arrive in Incheon?

왓　　　타임　월　위　어라이빈　　인천

☐ 예약을 재확인했습니다.

You're reconfirmed.

유어　　　리컨펌드

☑ 일정을 변경하고 싶은데요.
I want to change the flight.
아이 원투   체인쥐   더   플라이트

☐ 죄송합니다만, 비행편을 변경하고 싶은데요.
Excuse me, I want to change the flight.
익스큐즈   미   아이 원투   체인쥐   더   플라이트

☐ 오후 비행기로 변경하고 싶습니다.
I'd like to change it to an afternoon flight.
아이드 라익투   체인짓   투   언   애프터눈   플라이트

☐ 미안합니다, 그 편은 다 찼습니다.
I'm sorry, but that flight is fully booked up.
아임 쏘리   벗   댓   플라이트 이즈 풀리 북텁

☐ 웨이팅(대기자)으로 해 주시겠어요?
Would you put my name on the waiting list?
우쥬   풋   마이 네임   온   더   웨이팅   리스트

☐ 어느 정도 기다려야 할까요?
How long do we have to wait?
하우   롱   두   위   햅투   웨잇

☐ 예약을 취소하고 싶은데요.
I'd like to cancel my reservation.
아이드 라익투   캔쓸   마이 레저베이션

☑ 공항까지 부탁합니다.

To the airport, please.

투 디 에어포트 플리즈

☐ 짐은 몇 개입니까?

How many pieces of baggage?

하우 메니 피시접 배기쥐

☐ 공항까지 어느 정도 걸립니까?

How long will it take to get to the airport?

하우 롱 윌 잇 테익투 겟투 디 에어포트

☐ 공항까지 대충 얼마입니까?

What is the approximate fare to the airport?

와리즈 더 어프로씨메이트 페어 투 디 에어포트

☐ 빨리 가 주세요. 늦은 거 같네요.

Please hurry. I'm late, I am afraid.

플리즈 허리 아임 레이트 아이 엠 어프레이드

☐ 어느 항공사입니까?

Which airlines?

위치 에어라인스

☐ 꼭 그 비행기를 타야 합니다.

I must catch the flight.

아이 머스트 캐치 더 플라이트

☑ 기사님, 호텔로 돌아가 주시겠어요?

Driver, would you go back to the hotel?

드라이버　우쥬　　　　　　고　백　　　투 더　　호텔

☐ 카메라를 호텔에 놓고 왔습니다.

I left my camera in the hotel.

아이 레프트 마이 캐머러　　인 더　　호텔

☐ 중요한 것을 놓고 왔습니다.

I left something very important there.

아이 레프트 섬씽　　　　베리　임포턴트　　　　데어

☐ 어디에 두었는지 기억하고 있습니까?

Do you remember where you left it?

두　유　리멤버　　　　웨어류　　　　　레프팃

☑ 대한항공 카운터는 어디입니까?

Where's the Korean Airlines counter?

웨어즈 　 더 　 코리언 　 에어라인스 　 카운터

☐ 여기서 체크인할 수 있습니까?

Can I check-in here?

캔 　 아이 체킨 　 히어

☐ 통로쪽(창쪽)으로 주세요.

An aisle(a window) seat, please.

언 　 아일(어 윈도우) 　 씨트 　 플리즈

☐ 탑승 개시는 몇 시부터입니까?

When is the boarding time?

웨니즈 　 더 　 보딩 　 타임

↔ 입국카드 immigration
(disembarkation) card

☐ 출국카드는 어디서 받습니까?

Where can I get an embarkation card?

웨어 　 캔 아이 게런 　 엠바케이션 　 카드

☐ 공항세는 있습니까?

Is there an airport tax?

이즈 데어런 　 에어포트 　 텍스

☐ 이것은 기내에 가지고 들어갈 수 있습니까?

Can I carry this in the cabin?

캔 　 아이 캐리 디스 인 더 　 캐빈

☑ 탑승권을 보여 주시겠어요?

May I have your ticket?

메아이　해뷰어　　　티킷

☐ 입국카드는 가지고 계십니까?

Do you have an immigration card?

두　유　해번　　이미그레이션　　카드

☐ 이것이 세관신고서입니다.

This is the customs declaration form.

디씨즈　더　커스텀스　디클러레이션　폼

☐ 인천에 언제 도착합니까?

When do we land in Incheon?

웬　두 위 랜드　인 인천

☐ 제 시간에 도착합니까?

Are we arriving on time?

아　위　어라이빙　온　타임

☐ 목적지는 인천입니까?

Is Incheon your destination?

이즈 인천　　유어　데스터네이션

> destination의 강세는 1음절에 있으며 ti의 i[에]는 혀끝을 안쪽 웃니에 붙였다 떼는 느낌으로 발음한다.